THETA HEALING®

DU UND DER SCHÖPFER

THETA HEALING®

DU UND DER SCHÖPFER

Vertiefe deine Verbindung mit
der Schöpfungsenergie

VIANNA STIBAL

BEGRÜNDERIN VON THETAHEALING®

www.w-cooperations.ch

Bibliografische Information der Deutschen Nationalbibliothek: Die Deutsche Nationalbibliothek verzeichnet diese Publikation in der Deutschen Nationalbibliografie; detaillierte bibliografische Daten sind im Internet über dnb.dnb.de abrufbar.

Text © 2020 Vianna Stibal

Herstellung:

BoD – Books on Demand, Norderstedt

Verlag:

W-Cooperations GmbH | W-Publishing | Kriessern

ISBN: 978-3-9074510-0-7

Die Informationen in diesem Buch sind kein Ersatz für professionelle medizinische Beratung, bei Bedarf konsultieren Sie bitte einen Arzt. Jegliche Nutzung von Informationen dieses Buches liegt im Ermessen und im Risiko des Lesers. Weder der Autor noch der Verlag können für Verlust, Reklamation oder Beschädigung, welche durch die Nutzung, den Missbrauch, aufgrund der hier unterbreiteten Vorschläge, der Unterlassung medizinischen Rat einzuholen oder für jegliche Angaben auf Webseiten dritter, verantwortlich gemacht werden.

Die Handelsmarken ThetaHealing®, ThetaHealing Institute of Knowledge®, ThetaHealer® sowie Orian Technik™ sind im Besitz von Vianna Stibal, Begründerin von ThetaHealing und Inhaberin von Vianna's Nature's Path, und THInK. Jegliche unautorisierte Nutzung der Handelsmarken ist untersagt.

Innenbilder: Shutterstock

Erste Veröffentlichung in Englisch und Vertrieb im Vereinigten Königreich durch:

Hay House UK Ltd, Astley House, 33 Notting Hill Gate, London W11 3JQ

Tel: +44 (0)20 3675 2450; Fax: +44 (0)20 3675 2451; www.hayhouse.co.uk

INHALT

VORWORT

ThetaHealing ist eine Philosophie und ein vollständiges Heilsystem, welches genutzt werden kann, um selbsteinschränkende Glaubenssätze zu verändern und positive Glaubenssätze zu verbessern. Ebenfalls kann es für das Selbstverständnis und zur spirituellen Weiterentwicklung zu Gunsten der Menschheit genutzt werden.

Diese Anwendungen basieren auf der Theta-Gehirnwelle, welche, wie ich glaube, physische, psychologische und spirituelle Heilung erschafft. Während wir in einem reinen und göttlichen **Theta-Geisteszustand** sind, können wir uns mit dem Schöpfer durch fokussierte Gebete verbinden. Der Schöpfer hat uns das faszinierende Wissen gegeben, welches du hier erhalten wirst. Dies hat mein Leben und das Leben vieler anderer verändert.

Dieses Buch ist dazu gestaltet als eine tiefgreifende Anleitung zur Kommunikation mit dem **Schöpfer von Allem was Ist** zu dienen. Es ist ein Begleitbuch zu den Büchern *ThetaHealing, ThetaHealing für Fortgeschrittene, Graben nach Glaubenssätzen* und *die Sieben Ebenen der Existenz*.

Im ersten Buch ThetaHealing erkläre ich Schritt für Schritt die Abläufe von ThetaHealing Readings, Heilungen, **Glaubensarbeit**, Gefühlsarbeit, **Graben** und Gen-Arbeit. Ich gebe eine Einführung in die Ebenen der Existenz sowie ein Kapitel über Regenbogenkinder.

Das nächste Buch, ThetaHealing für Fortgeschrittene, gibt eine tiefgreifendere Anleitung in die Glaubens- und Gefühlsarbeit und das Graben wie auch tiefere Einsichten in die Ebenen der Existenz und die Glaubenssysteme, von denen ich glaube, dass sie essenziell für spirituelles Wachstum sind.

Das nachfolgende Buch, *Graben nach Glaubenssätzen*, definiert die Glaubensarbeit und es ist notwendig ein Verständnis von dessen Inhalt zu haben, um die beschriebenen Anwendungen in diesem Buch vollständig nutzen zu können. Im Kontrast dazu beschreibt das Buch *Sieben Ebenen der Existenz* die Philosophie von ThetaHealing.

Es ist notwendig, ein Verständnis der Prozesse, welche in *ThetaHealing die Heilkraft der Schöpfung* beschrieben werden, zu erreichen, um die in diesem Buch beschriebenen Anwendungen vollständig nutzen zu können. Falls ThetaHealing neu für dich ist, haben wir auch ein Glossar, welches du womöglich nützlich findest.

Es gibt eine Voraussetzung, die für ThetaHealing und die in diesem Buch beschriebenen Techniken absolut sind: du brauchst einen zentralen Glauben an die Energie, die durch alle Dinge fließt. Einige nennen diese Energie den „**Schöpfer von Allem was Ist**", „Schöpfer", „Schöpfungsenergie" oder „Intelligenz des Universums." Durch Lernen und Üben kann jeder ThetaHealing nutzen. Jeder, der an die Essenz des Schöpfers von Allem was Ist glaubt, die durch alle Dinge hindurchfließt. ThetaHealing hat weder eine religiöse Zugehörigkeit noch sind die Anwendungen spezifisch für irgendein Alter, Geschlecht, Ethnie, Farbe, Glaube oder Religion. Jeder, der offen für den Glauben an eine universelle

Intelligenz oder schöpferische Kraft ist, kann die Äste des ThetaHealing-Baumes nutzen.

Obschon ich diese Informationen mit euch teile, übernehme ich nicht die Verantwortung für die Veränderungen, die sich durch ihre Nutzung womöglich ergeben. Diese Verantwortung ist deine, eine Verantwortung, die du annimmst, wenn du erkennst, dass du die Macht hast, dein Leben zu verändern, wie auch die Leben anderer.

•••

EINLEITUNG

In ThetaHealing glauben wir, uns mit einer kreativen Lebenskraft verbinden zu können, um unsere Intuition auf die am weitesten entwickelte Weise nutzen zu können, nämlich während wir in einem **Theta-Zustand** sind. Wenn ich den Studenten dieses Konzept beibringe, werde ich immer wieder gefragt: „Woher weiß ich, dass ich mich mit der richtigen ‚Kraft des Schöpfers‘ verbinde, dieser ‚Lebenskraft Gottes‘, diesem ‚Geist, der sich durch alle Dinge bewegt‘ oder ob es nur meine eigenen Gedanken sind? Wie erkenne ich den Unterschied?"

Um diese Frage zu beantworten, sage ich: „Du musst dich selbst kennen. Verstehe dich selbst, um den Unterschied zwischen deinen Gedanken und der göttlichen Inspiration vollständig zu verstehen." Im Allgemeinen kommt diese Fähigkeit jedoch nur durch Erfahrung, deshalb habe ich ein Seminar und dieses Buch erschaffen, um andern zu helfen, sich selbst auf einer intimen Ebene kennenzulernen.

STRAßENKARTE

ThetaHealing hat seit Beginn verschiedene Entwicklungs-
stufen durchlaufen. Anfangs lernten die Studenten, hochzugehen und sich aus der Energie der Fünften Ebene in die
Energie des Schöpfers „einzustöpseln" und in frühen Studien
stellten wir fest, dass diese Verbindung ihnen ermöglichte,
eine Theta-Gehirnwelle zu erreichen, um Ergebnisse zu
erzielen.

Wir nutzten einen Elektroenzephalographen, um die Gehirn-
aktivität zu verfolgen und stellten fest, dass das Gehirn in
einen Traumzustand – eine leichte Theta-Gehirnwelle – ging,
sich auf vier bis sieben Zyklen pro Sekunde verlangsamte,
wenn die Person sich vorstellte, aus ihrem Raum hinauszu-
gehen und sich auf den Gedanken „Schöpfer" (oder wie die
Person die Schöpfungsenergie oder Gott nannte)
konzentrierte. Dies legte nahe, dass wir auf irgendeiner
Ebene unseres Seins wissen, dass es etwas gibt, mit dem wir
uns verbinden können.

Dann habe ich den Studenten beigebracht, hochzugehen,
durch alle Ebenen der Existenz hindurch, bis in die **Siebte
Ebene,** um in dieser Energie zu sein und ein Teil der wahren
Liebe des Schöpfers zu werden. Dies wurde die „Straßenkarte" zum Schöpfer und war ein großer Durchbruch. Die
Meditation hat ihnen erlaubt, durch die selbsteinschränken-
den Dogmen ihres Geistes zu gehen, in die Erkenntnis der
bestätigten Verbindung zu Allem was Ist – Geist, Körper und
Seele.

In späteren Studien führte ich Experimente mit einem
fortgeschritteneren Elektroenzephalographen durch, welcher
Computer-Bilder von spezifischen Gehirnaktivitäten
erstellte, während Studenten in der Meditation waren. Alle
diese elektroenzephalographischen Bilder zeigten eine
Aktivitätsverschmelzung im oberen Bereich des Gehirns der
Studenten. Auf die gleiche Weise habe ich gemessen, was

passiert, wenn ein Heiler einer anderen Person eine Heilung schickt. Spätere Messungen zeigten, wenn eine Person in einer Theta-Gehirnwelle ist, ist die Person, welche die Heilung empfängt, ebenfalls in einer Theta-Gehirnwelle. Dann gehen beide Personen, der Heiler und der Klient, oft in eine Delta-Gehirnwelle, normalerweise zwei Zyklen pro Sekunde, während die Heilung stattfindet.

Als ich anfing den Studenten die Meditation mittels der Straßenkarte beizubringen, wurde meine eigene Verbindung zum Schöpfer verstärkt. Der nächste Schritt bestand darin, die Studenten zu lehren, sich immer wieder mit der Siebten Ebene und dem Schöpfer zu verbinden, um zu verstehen, was sie möglicherweise daran hindert, diese Verbindung herzustellen. Bis zu diesem Tag ist eine der Hauptfragen, welche meine Studenten mir stellen: „Wie weiß ich, dass ich mit der Siebten Ebene und dem Schöpfer verbunden bin?"

Du bist immer mit dem Schöpfer verbunden, aber um zu dieser Erkenntnis zu gelangen, ist womöglich Training erforderlich. Je mehr du dir vorstellst, wie es sich anfühlen wird, desto besser wird die Erfahrung. Obwohl viele Menschen denken: *Nun, ich stelle es mir vor, also ist es nicht echt...* Denk mal darüber nach. Alles im Leben muss zuerst eine Vorstellung sein, bevor es „Wirklichkeit" werden kann. Verwechsle Vorstellungskraft nicht mit Fantasy.

Ich sage den Studenten: „Stelle dir vor, dass du zum Schöpfer gehst." Um denen zu helfen, die denken, dass das Wort „vorstellen" bedeutet, dass es nicht real ist, verwende ich das Wort „visualisieren." Obschon dieses Wort mit seinen eigenen Herausforderungen verbunden ist, da einige sagen, „Ich *sehe* es nicht, ich *fühle* es." Das ist gut! Ich möchte, dass jeder die Energie fühlt, vollständig geliebt zu sein. Wenn du dir also vorstellst, zum Schöpfer zu gehen, frage dich selbst: „Wie würde es sich *anfühlen* diese Erfahrungen zu machen? Wie würde es sich *anfühlen*, wenn diese Energie durch meinen ganzen Körper fließt? Wie würde es sich *anfühlen* in der Schöpfungsenergie zu sein?"

Hier folgt die einfache, aber kraftvolle Straßenkarten-Meditation, in der du visualisierst, dir vorstellst und fühlst, dass die Energie aus dem Zentrum der Erde hochfließt, durch deinen Körper hochsteigt bis zur Spitze deines Kopfes, bis du einen leichten Druck in deinem Kronen-Chakra fühlst. Diese Energie geht über deinen Kopf hinaus und reist durch das Universum, durch Schichten und Schichten von Licht.

DIE STRAßENKARTEN-MEDITATION

Während dieser Meditationsanwendung ist es wichtig, daran zu denken, in einem sanften und ruhigen Prozess ‚hochzugehen'. Wenn du die Energie *erzwingst*, wenn du hochgehst, beginnst du womöglich, die Luft anzuhalten und bekommst vielleicht sogar Kopfschmerzen, darum denke daran, normal zu atmen. Du stellst vielleicht fest, dass deine Zunge deinen Gaumen berührt und du fängst an, in den Bauch zu atmen, beides ist natürlich.

1. Nimm einen tiefen Atemzug und schließe deine Augen. Stelle dir vor, wie Energie aus dem Zentrum der Erde hochkommt, durch deine Fußsohlen hochfließt, durch deinen Körper hindurch bis zur Spitze deines Kopfes fließt und einen wunderschönen Lichtball formt. Stelle dir vor, dass du in diesem Lichtball bist.

2. Stelle dir vor, dass du am Universum vorbeigehst, durch Schichten und Schichten von Licht, durch ein goldenes Licht, durch eine dichte geleeartige Substanz, in ein kribbelndes, weißes Licht.

3. Sobald du diesen Punkt erreichst, sage: „Schöpfer von Allem was Ist, danke für mein Leben." Sage: „Danke. Es ist vollbracht, es ist vollbracht, es ist vollbracht."

4. Fühle, wie dieses kribbelnde, weiße Licht durch jede Zelle deines Körpers fließt. Dies ist die Lebenskraft, die Atome erschafft, die Energie, die uns mit Allem verbindet.

5. Nimm einen tiefen Atemzug und öffne deine Augen.

Jedes Mal, wenn du diese Meditation anwendest, wirst du tiefer in eine Theta-Gehirnwelle gehen. Je mehr du in den Theta-Zustand gehst, desto sicherer wirst du dich fühlen, dann wird dein Verstand loslassen und du wirst die Energie fühlen.

Wenn ich in den Meditationszustand gehe, kann ich die Energie fühlen, wie sie sich um mich herum, in anderen Menschen und in der Natur bewegt. Dies liegt daran, weil ich sehr viel Zeit damit verbringe, an anderen Menschen zu arbeiten, und mir selbst erlaube, diese Energien zu fühlen. Wenn du so tief in den Theta-Zustand kommst, wenn du eine Heilsitzung gibst, ist dies ein erstaunliches Gefühl. Womöglich fühlst du eine schaukelnde Energie, ähnlich wie bei einer Cranio-Sakral-Therapie, wenn dein ganzer Körper sanft vor und zurück wippt.

Gib deinem Geist die Chance zu lernen, wie man so tief in die Meditation eintaucht. Im Traumzustand, wenn du schläfst, gehst du auf natürliche Weise in einen tiefen Theta-Zustand. Deshalb wirst du wissen, wann du dich in diesem Zustand befindest, nämlich dann, wenn du das Gefühl hast, in einem Traum zu sein.

Je tiefer du in diesem Gehirnwellenmuster bist, desto realer wird die Erfahrung. Du wirst ebenfalls feststellen, dass jedes Chakra sich öffnet, wenn du dir vorstellst zum Schöpfer hochzugehen. Schlussendlich werden die Chakren keine getrennten Energieeinheiten mehr sein, sondern sich zu einem durchgehenden Energieband zusammenschließen.

Wenn du dich zu irgendeinem Zeitpunkt in der Meditation unwohl fühlst, gibt es einen Grund dafür. Es könnte an den Überzeugungen und Glaubenssätzen deiner Vorfahren liegen. Wir erben verschiedene Glaubenssätze, aber eines, was uns unter anderem definiert ist die Religion. Die meisten meiner Studenten haben einen religiösen Hintergrund oder ihre Großeltern waren religiös. Wenn deine Ahnenreihe religiös war, könnte es sein, dass du ein genetisches Muster geerbt hast, das weiß, dass es einen Schöpfer gibt.

Aber wenn deine Vorfahren in deiner genetischen Linie glaubten, dass alles Negative, das rund um sie herum geschieht, ‚die Schuld des Schöpfers' ist, kann dich das nervös davor machen, dich vollständig mit dieser Energie zu verbinden. Aber wenn deine Vorfahren eine andere Art der Erkenntnis hatten – zum Beispiel, wir sind ein Teil von Allem was Ist, es gibt einen Geist, der sich durch alle Dinge bewegt, dass etwas Leben geschaffen hat – dann wird die Meditation für dich viel einfacher sein, weil sie dann nicht durch die **Glaubenssysteme** deiner Vorfahren gefiltert wird.

Dies ist nur ein Beispiel, wie diese Meditation durch Glaubenssysteme beeinflusst werden kann, die der Vergangenheit, Gegenwart und Zukunft angehören und dir bis jetzt durch dein Leben geholfen haben. Wir haben Energien, die uns zu dem machen, was wir sind, und sie werden ‚Glaubenssysteme' genannt. Was wir *glauben*, ist, wer wir sind, es ist unser Selbst-Bild. Wenn du dich mit der Lebenskraft verbindest, die mehr als das Universum ist, ist es dir erlaubt, diese Energie zu nutzen. Manchmal ist jedoch

Glaubensarbeit nötig, um es fühlen und daran glauben zu können.

Ich hatte eine Studentin, die 20 Seminare besuchte und immer noch nichts visualisieren konnte. Sie sagte mir: „Alle Antworten, die ich bekomme, sind in meinem Geist." Eines Tages hat es Klick gemacht. Sie hat einen Glaubenssatz verändert, so dass sie visualisieren konnte.

DOWNLOADS

Verbindest du dich mit dem Schöpfer und hast das Gefühl, nicht so tief in der Meditation zu sein, wie du sein könntest, ist dies der Punkt, bei dem du beginnst, Glaubensarbeit und **Downloads** zu machen, die deinen Geist befreien. Manchmal ist es nötig, sich den Download zu machen, wie es sich anfühlt, in der Siebten Ebene zu sein. Dies kann die Meditation zu einer besseren Erfahrung machen. Dich selbst zu lehren, wie es sich anfühlt und dass es sicher ist, dich mit dem Schöpfer zu verbinden, gibt dir womöglich eine andere Erfahrung. Hier sind einige Downloads, die du versuchen kannst:

‚Ich weiß, wie es sich anfühlt, in der Siebten Ebene mit dem Schöpfer zu sein.'

‚Ich weiß, dass es sicher ist, mit der Schöpfungsenergie verbunden zu sein.'

‚Ich bin ein Teil der Schöpfungsenergie.'

‚Es ist mein Geburtsrecht, mit dieser Energie verbunden zu sein.'

‚Ich bin immer vollständig geliebt und geschätzt in dieser Energie.'

‚Die schöpferische Energie ist die höchste Intelligenz.'

‚Der Schöpfer liebt mich.'

‚Ich weiß, wie es sich für die Zellen meines Körpers anfühlt, sich der Energie des Schöpfers bewusst zu sein.'

Sobald du die Downloads für diese **Programme** gemacht hast, mache die Meditation erneut.

STRASSENKARTEN-MEDITATION, UM BEDINGUNGSLOSE LIEBE ZU EMPFANGEN

Das zweite Mal, wenn du diese Meditation nutzt, sollte es sich natürlicher anfühlen und du wirst perfekte, bedingungslose Liebe erfahren.

1. Nimm einen tiefen Atemzug und schließe deine Augen. Stelle dir vor, wie Energie aus dem Zentrum der Erde hochkommt, durch deine Fußsohlen hochfließt, durch deinen Körper hindurch bis zur Spitze deines Kopfes fließt und einen wunderschönen Lichtball formt. Stelle dir vor, dass du in diesem Lichtball bist.

2. Stelle dir vor, dass du am Universum vorbeigehst, durch Schichten und Schichten von Licht, durch ein goldenes Licht, durch eine dichte geleeartige Substanz und in ein kribbelndes, weißes Licht.

3. Sage: „Schöpfer von Allem was Ist, danke für mein Leben."

4. Dieses Mal sagst du: „Schöpfer, es ist erbeten, dass ich die Energie von bedingungsloser Liebe in jeder Zelle meines Körpers fühlen kann."

5. Stelle dir vor und bezeuge, wie diese Energie von kribbelndem, weißem Licht, von perfekter Liebe, durch jede Zelle deines Körpers fließt.

6. Sage: „Danke. Es ist vollbracht, es ist vollbracht, es ist vollbracht."

7. Öffne deine Augen.

Wenn du in der Siebten Ebene bist, denke daran, dir zu erlauben, die Energie zu fühlen. Ich sage das, weil ich feststellte, dass einige meiner Studenten in ihrem ‚Lichtball' blieben, wenn sie die Siebte Ebene erreicht haben. Durch das Loslassen des Lichtballs und die Vorstellung, dass er sich in kribbelndes, weißes Licht verwandelt, wirst du fähig sein, die Energie der Siebten Ebene zu fühlen. Andere gehen mit geschlossenen Augen in ihrem Lichtball hoch, aber du musst dir vorstellen, dass du deine Augen öffnest, damit du die Siebte Ebene bezeugen kannst.

Ich glaube, dass das Gehirn nach der Anwendung dieser Meditation auf die gleiche Weise wie in Schlaf- und Traumphasen ein wenig mehr Serotonin, Endorphine und vielleicht das Wachstumshormon ausschüttet.

Wenn du anfängst, die Straßenkarten-Meditation zu nutzen, sehnst du dich möglicherweise nach Lebensmitteln, welche die Hormone wieder auffüllen, die du für eine bessere Visualisierungserfahrung brauchst. Schokolade, Popcorn, organische Milch, Truthahnfleisch und Eier enthalten alle Tryptophan und können daher hilfreich sein. Dein Körper verlangt womöglich auch nach Avocados oder Omega-3, -6- und -9-Fettsäuren. Ebenfalls habe ich festgestellt, dass Aminosäuren hilfreich sind. Dies ist die Antwort unseres

Geistes auf die Meditation – er bittet um die richtigen Nähr-stoffe, um eine bessere Erfahrung zu haben.

BOTSCHAFTEN EMPFANGEN

Du wirst Botschaften empfangen, wenn du lernst hochzu-gehen und einen Theta-Zustand zu halten. Manchmal beschreiben Studenten die Botschaften, die sie in einem Reading empfangen und es ist klar, dass sie nicht vom Schöpfer stammen. Die höchste Energie von Liebe würde keine Antworten geben, wie sie einige Leute channeln. Die Schöpfungsenergie liebt uns und ist die höchste Intelligenz.

Dies liegt daran, dass die Botschaften durch das Gehirn gefiltert werden und nicht immer klar sind. Manchmal funktionieren die Heilungen perfekt, manchmal nicht. Der Grund dafür wird offensichtlich, wenn ein Student das Gefühl hat, fragen zu müssen: „Wie weiß ich, wann ich mit dem Schöpfer kommuniziere?"

Es wurde offensichtlich, dass ich ThetaHealing auf eine tiefere Ebene bringen musste. Um ihre Fähigkeiten zu entwickeln, musste ich den Studenten beibringen

- zu erkennen, dass jede Entscheidung, die sie jemals getroffen haben, von Bedeutung ist. In Wirklichkeit erschaffen wir alles, was wir sind und sein wollen, selbst. Wenn wir erkennen, dass alles in unserem Leben uns wertvolle Lektionen lehrt, wären wir nicht so hart zu uns selbst.

- zu vertrauen, dass sie die richtigen Entscheidungen treffen und wissen, warum sie sie treffen.

- ihr Überlebens-, Unterschwelliges, Ego- und Höheres Selbst zu verstehen.

- klarer mit dem Schöpfer zu kommunizieren.

- ihr Leben auf ein Ziel zu richten, um erleuchteter zu werden.

In ThetaHealing bedeutet ‚erleuchtet sein', sich vollständig bewusst zu sein, dass wir ein Teil von der ‚Einen' Energie auf allen Ebenen unseres Seins sind. Sich anderen Ebenen und Energien bewusst zu sein, bedeutet nicht, dass du erleuchtet bist. Um erleuchtet zu werden, musst du dies auf allen Stufen zusammen erkennen – physisch, mental und spirituell, nicht nur intellektuell.

ThetaHealing erweckt Meister dazu, sich daran zu erinnern, dass sie einst ein Meister auf dieser Ebene der Existenz waren und die ‚Eine' Energie zum Erschaffen nutzten. Erwache in der Realität, dass wir alle ein Funken Gottes sind, und erinnere dich daran, wie du dich nach Belieben wieder mit der Schöpfungsenergie verbinden kannst.

•••

Kapitel 1

IN DEN VIER GLAUBENSEBENEN

Unsere Seele residiert in unserem menschlichen Körper. Komplettiert mit einem supercomputerartigen Gehirn ist es das erstaunlichste Lebenserhaltungssystem, das jemals erschaffen wurde. Das Gehirn lernt, auf höheren Ebenen zu denken, versteht die Bedeutung von Gefühlen und Emotionen und wie man diese kontrolliert und hat die Aufgabe, auf Informationen zuzugreifen und diese zu verarbeiten.

Vom Moment deiner Geburt bis zu dem Zeitpunkt, an dem du diese Ebene der Existenz verlässt, akzeptiert dein Gehirn Informationen und entscheidet, wo die Dinge abspeichert werden sollen. Einige dieser Informationen werden zu Glaubenssätzen in unserem Geist und einige nicht, abhängig davon, wie wichtig sie für das Individuum sind. Unser Computergehirn wechselt und verändert Glaubenssätze fortwährend, damit wir uns entwickeln können.

Nur wenige von uns nehmen sich die Zeit, um darüber nachzudenken, wie außergewöhnlich der menschliche Geist ist, und da er ein Supercomputer ist, hört er niemals auf, Probleme zu lösen. Der Geist hat zwei essenzielle Komponenten: das **Bewusstsein** und das **Unterbewusstsein**.

Damit diese beiden Komponenten zusammenarbeiten können, muss das Bewusstsein wissen, was das Unterbewusstsein tut.

DAS BEWUSSTSEIN

Der griechische Philosoph Plato schrieb: ‚Womöglich ist kein Aspekt des Geistes bekannter oder rätselhafter als das Bewusstsein und unsere bewussten Erfahrungen von uns selbst und der Welt,' während in Webster's Diktionär das Bewusstsein beschrieben wird als ‚der Zustand oder die Eigenschaft von Bewusstsein oder sich eines externen Objekts oder etwas in sich selbst bewusst zu sein. Es wurde definiert als: Empfindungsvermögen, Bewusstsein.'

Diese Definitionen sind die Beschreibung der mächtigsten Eigenschaft der menschlichen Erfahrung. Alle menschlichen und tierischen Erfahrungen auf dieser Erden-Ebene beginnen mit einem Bewusstsein und enden damit. Alles, was wir haben, machen und fühlen, stammt von dieser Wahrnehmung. Es hat alles physisch erschaffen und ist die Verbindung zum spirituellen Reich.

Obwohl das Bewusstsein nur 10 % von unserem Gehirn steuert, nimmt es externe Daten aus unserer Welt und trifft Entscheidungen. Es weiß, wann unsere Gefühle verletzt wurden, und zeichnet alles im Unterbewusstsein auf. Wir brauchen dieses wertvolle Gut des Bewusstseins, um unsere Urteilsfähigkeit zu lenken, und müssen uns immer daran erinnern, wie wichtig dies ist.

Jemand hört sich zum Beispiel einen Vortrag an, aber gleichzeitig schlägt sein Herz, er atmet automatisch, seine Zellen teilen sich, zusammen mit Unmengen anderer Prozesse – die alle vom Gehirn ohne bewusste Wahrnehmung gesteuert werden. Das Bewusstsein ist wie der Fahrer eines Autos. Während wir mit dem Auto fahren, denken die meisten von uns nicht über die inneren Mechanismen nach, die es fahren lassen, sondern nur darüber, dass es uns ans Ziel bringt. Dein Bewusstsein fährt dich durch dein Leben, damit du deine Bestimmungsorte erreichst, ist sich aber womöglich nicht vollständig bewusst, was in einigen Aspekten des Unterbewusstseins vor sich geht.

DAS UNTERBEWUSSTSEIN

Das Unterbewusstsein steuert 90 % unseres Lebens und ist der Ort, an dem auf Erinnerungen und Gefühle zugegriffen wird. Das Unterbewusstsein ist mit deinem autonomen Nervensystem (ANS) verbunden, welches darauf reagiert und signalisiert. Tatsächlich arbeiten die meisten deiner Körperfunktionen automatisch ohne direkte Botschaften vom Bewusstsein, was normal ist. Aber wie reagiert das Unterbewusstsein auf emotionale Stimuli und Stress?

Mit dieser Eigenschaft kann das Unterbewusstsein mehr Unfug anrichten, als du für möglich gehalten hast, es sei denn, das Bewusstsein ist sich dessen bewusst, was vor sich geht. Am wichtigsten ist, wenn wir verstehen, wie sehr unser Unterbewusstsein versucht, Sachen aus der Vergangenheit zu reparieren, wären wir fähiger, unser Bewusstsein in die Zukunft zu richten.

Das Unterbewusstsein versucht jedoch nicht dich zu sabotieren. Es versucht dich zu schützen, indem es an Überzeugungen und Glaubenssätzen festhält und nicht zwischen negativ und positiv unterscheidet. Das Unterbewusstsein hält die Aufzeichnungen eines ganzen Lebens an irdischen Erfahrungen und ist ein virtuelles Lagerhaus von Glaubenssätzen, die wir im Laufe unserer Leben gesammelt haben.

DIE VIER GLAUBENSPROGRAMME

Wenn ein Glaubenssatz als ‚real' akzeptiert wird, wird er zu einem Programm und im Unterbewusstsein gespeichert. Diese Programme können zu unserem Vor- oder Nachteil sein – abhängig davon, was es für Programme sind und wie wir auf sie reagieren. ThetaHealing lehrt, dass es **vier Glaubensebenen** gibt, auf welchen wir Glaubensprogramme halten: **Kern-Glaubenssätze, genetische Glaubenssätze, historische Glaubenssätze** und **Seelen-Glaubenssätze.** Diese Ebenen werden in der Glaubensarbeit als Referenz verwendet und können als Leitfaden genutzt werden, um die Programme in einer Glaubensarbeitssitzung zu entfernen und ersetzen. Nachfolgend findest du eine kleine Wiederholung dieser vier Ebenen. Eine detailliertere Beschreibung findest du im Buch *ThetaHealing* und *Graben nach Glaubenssätzen.*

Kern-Glaubensebene

Kern-Glaubenssätze sind wie eine Akte über alles, was in diesem Leben passiert ist. Die meisten dieser Glaubenssätze wurden von Kindheit an gelernt und akzeptiert und sind so Teil von uns geworden – Erfahrungen, von denen wir etwas gelernt haben. Diese ‚Glaubenssätze' werden als Energie in unserem Frontallappen des Gehirns gehalten.

Genetische Glaubensebene

Auf dieser Ebene sind die Programme von unseren Vorfahren auf uns übertragen und den Genen dieses Lebens hinzugefügt worden. Diese Glaubenssätze sind Energien, die in unserer DNA gespeichert sind und bis zu sieben Generationen zurückgehen. Die genetische Ebene hat wichtige Informationen, welche uns von unseren Vorfahren vererbt wurden, wie das Wissen über Tugenden, Überleben und sogar über ihre Position in unserer Vergangenheit, wo sie noch immer versuchen, Probleme zu lösen, die sie im Leben hatten.

Historische Glaubensebene

Diese Ebene befasst sich mit tiefen genetischen Erinnerungen, die mehr als sieben Generationen zurückreichen, Erinnerungen an vergangene Leben, Gruppenbewusstseinserfahrungen, die wir in die Gegenwart tragen oder Informationen aus der Akasha-Chronik. Diese Energien werden in der Aura der Person gehalten, geprägt von jedem Leben, in dem sie jemals existiert haben.

Seelen-Glaubensebene

Diese Ebene ist unser höchster Aspekt, welcher immer dabei ist zu lernen. Die Seele lernt noch immer, daher können Glaubenssätze sich auf Seelenebene verändern. Diese Glaubenssätze sind generell Grund- oder Schlüsselglaubenssätze. Jede Person strahlt eine großartige intelligente Seelenessenz aus. Jeder Teil unserer Seele ist mit uns verbunden, aber unsere Seele ist mehr als drei-dimensional, da sie ein himmlischer Funke des Schöpfers ist.

•••

Es kann für dich hilfreich sein, dir das Glaubenssystem als einen Turm aus Bauklötzen vorzustellen. Der unterste Bauklotz ist der Schlüssel- oder Grundglaubenssatz, der die restlichen Glaubenssätze aufrecht hält, somit die Wurzel aller anderen Programme, die darüber gestapelt sind. Diese vier Glaubensebenen sind ein Wegweiser, wie du Glaubensprogramme entfernen und ersetzen kannst. Sie sind nicht voneinander getrennt, sondern sollten in Harmonie miteinander arbeiten. Einen Schritt tiefer in diese Glaubensebenen zu gehen, dient dir dazu, dich selbst zu kennen. Dazu musst du erkennen, was du auf unterbewusster Ebene denkst. Wenn du weißt, was du denkst, wirst du die Motivation deines Unterbewusstseins erkennen und bemerken, wie stark es dein Verhalten beeinflusst.

KENNE DICH SELBST

Bevor ich mit ThetaHealing angefangen habe, empfing ich allerlei übersinnliche Informationen. Als ich jedoch Readings professionell machte, musste ich fokussiert und genau sein. Während die meisten Botschaften, die ich über meinen Klienten erhielt, durchweg richtig waren, gab es ab und zu auch welche, die falsch waren. Ich habe mich selbst dafür gequält, falsch gelegen zu sein, bis ich mich selbst fragte: ‚Auf welche Stimme soll ich hören? Woher weiß ich, welches die richtige Stimme ist? Was ist der Unterschied zwischen der inneren Botschaft meines Geistes und denen die rein sind?'

Die meisten intuitiven Menschen stellen sich schlussendlich dieselben Fragen und deshalb ist es wichtig, dich selbst zu kennen. Dich selbst zu kennen, hilft dir, den Schöpfer zu kennen. Den Schöpfer zu kennen, macht dich *grenzenlos*.

Unsere Glaubenssätze sind ein wesentlicher Teil von uns. Wenn wir also Glaubenssätze aus der Vergangenheit verändern, machen wir Entdeckungen über uns selbst und erkennen, wie eine Gedankenform begonnen hat. Eines der großartigsten Dinge, die ich durch die Erfahrungen mit ThetaHealing entdeckt habe, ist die Muster meines Unterbewusstseins zu erkennen und zu erkennen, was mein Unterbewusstsein vorhat.

Im Gegenzug hat mir dieses Selbstverständnis geholfen, Readings für andere zu machen. Wenn ich Readings mache, beobachte ich die Gedankenmuster der anderen Person. Obschon sie bei jeder Person ähnlich sind, hat jeder Klient ein anderes Muster. Je mehr ich der Person zuhöre, wenn sie spricht, desto mehr gehe ich in ihren Raum, desto mehr erkenne ich ihre unterbewussten Muster. Diese Muster sagen mir, woran der Klient arbeiten sollte. Diese Fähigkeit beginnt damit, mich selbst zu kennen, mit dem Bewusstsein der inneren Aspekte der vier Glaubensebenen, welche wir im nächsten Kapitel erforschen.

●●●

Kapitel 2

DIE GLAUBENS-ASPEKTE

Okay, so funktioniert's.

Sich selbst zu kennen, ist die Erkenntnis, dass in unserem Unterbewusstsein **vier Aspekte** mit jeder der vier Glaubensebenen assoziiert sind. Diese Aspekte haben einen starken Einfluss darauf, Verhaltensmuster zu erschaffen und die Kenntnis ihrer Motivation ist für das persönliche Wachstum sehr wichtig.

In diesen Aspekten der Glaubenssysteme kann es sein, dass gewisse Glaubenssätze uns daran hindern, mit dem Schöpfer zu kommunizieren. Ein Problem kann sein, das wenn wir eine reine Botschaft empfangen, diese durch alle vier Aspekte der vier Glaubensebenen in unserem Gehirn muss, was ich auf den nachfolgenden Seiten ausführlich beschreiben werde. Wir trainieren also, diese Aspekte in anderen und vor allem in uns selbst zu erkennen.

Wie ich zuvor in diesem Buch beschrieben habe, wurde ich während jedes Seminars gefragt: „Woher weiß ich, dass ich die richtige Antwort höre? Wie erkenne ich den Unterschied zwischen meinem eigenen Verstand und dem Schöpfer?" Wenn mir jemand diese Frage stellt, ist es wahrscheinlich, dass Teile ihrer Botschaft aus den Aspekten ihres Gehirns kommen.

Wenn du lernst, die vier Glaubensebenen in ThetaHealing zu erkennen, beginnst du zu erkennen, dass es andere *Aspekte* in diesen Glaubensebenen gibt. Jeder Aspekt innerhalb der Glaubensebene hat einen eigenen Zweck und es ist wichtig zu wissen, ob und wie sie unsere Kommunikation mit dem Schöpfer beeinflussen. Es ist wichtig, den Unterschied zwischen diesen Aspekten zu erkennen und ob sie deine Handlungen beeinflussen. Mit ein wenig Bemühung kannst du dich selbst auf eine viel tiefere Art und Weise verstehen. Das verändert nicht, wie Glaubensarbeit gemacht wird. Du machst immer noch Glaubensarbeit auf allen vier Glaubensebenen, aber mit dem Wissen über die vier Aspekte.

DIE VIER ASPEKTE

Es gibt vier Aspekte in jeder Glaubensebene.

Die Kern-, genetische und historische Ebene teilen dieselben Aspekte und sind auf dieselbe Art und Weise unterteilt.

1. Das Überlebensselbst

2. Das unterschwellige Selbst

3. Das Ego-Selbst

4. Das Höhere Selbst und die Seele

Diese ersten drei Glaubensebenen haben Aspekte mit verschiedenen Variationen vom Überlebens-, unterschwelligen und Ego-Selbst in sich. Gleichzeitig ist das Höhere Selbst eine allgegenwärtige Energie durch die Glaubensebenen hindurch. Die vierte Glaubensebene, also die Seelen-Ebene, hat Aspekte, die jedoch eine andere Energie haben.

DIE VIER ASPEKTE DER KERN-GLAUBENS-EBENE

Diese vier Aspekte sind dem Arbeitsspeicher (RAM) – der Computer-Hardware, durch welche Applikationen oder Programme einfach durch den Prozessor zugänglich sind ähnlich. Grundsätzlich ist dies der Art und Weise ähnlich, wie das Überlebensselbst im Unterbewusstsein arbeitet; es gibt uns einfachen Zugriff auf Programme, die wir sofort benötigen.

1. Das Kern-Überlebensselbst

Das Kern-Überlebensselbst ist mit den Erinnerungen und Gefühlen dieses Lebens verbunden. Die Aufgabe des Über-lebensselbst ist es, uns zu schützen und unnötige Schmerzen zu vermeiden. Seine Motivation ist es, uns am Leben zu halten und deshalb zeichnet es Schmerzen, Stress und Gefahren für einen zukünftigen Bezug auf.

2. Das Kern-unterschwellige-Selbst

Das Kern-unterschwellige-Selbst versucht immer das, was es als Probleme ansieht, zu erkennen und geradezurücken, komme, was da wolle. Manchmal wird es als Schattenselbst bezeichnet, was es als böse, dunkle Seite darstellt. Es kann aber eine Macht für gut oder schlecht sein und es wertet nicht dazwischen. Seine Aufgabe ist es, Probleme zu lösen. Dieses Selbst arbeitet ständig an Problemen, auch an solchen, die seit der Kindheit und der Vergangenheit ungelöst sind. Es ist wie die Unterströmung im Meer: Es kann dich nach oben drücken oder nach unten ziehen. Wenn wir uns dessen bewusst sind, was es macht, kann es uns helfen, uns durch Selbstverständnis weiterzuentwickeln.

3. Das Kern-Ego-Selbst

Das Kern-Ego-Selbst ist, wie wir uns selbst gegenüber der Welt definieren, ausdrücken und wahrnehmen. Jeder hat ein Ego. Jedoch kann das Ego-Selbst (, das weder gut noch schlecht ist,) gefährlich sein, wenn es zu Egoismus wird. In einigen Berufen können sich Menschen Egoismus leisten, aber nicht bei Heilungen. Die meisten Heiler arbeiten mit anderen Heilern zusammen, sie tolerieren wahrscheinlich niemanden, der selbstabsorbiert ist mit seiner eigenen Wichtigkeit. Gleichzeitig denken einige Heiler fälschlicherweise, dass sie ihr Ego zerstören müssen, um ein Heiler zu sein. Dies geht auch zu weit, da das Ego uns definiert und sowohl unsere Entscheidungen beeinflusst als auch, wie wir von anderen wahrgenommen werden.

4. Das Höhere Selbst

Das Höhere Selbst steht über allen anderen Aspekten und hat sich der Mission unserer Seele gewidmet. Das Höhere Selbst versucht, so viele Tugenden wie möglich zu lernen, indem es Erfahrungen schafft, die die Tugenden entwickeln und ist sehr darauf fokussiert, das **Divine Timing** abzuschließen. Das Höhere Selbst ist auch ein göttlicher Teil von dir. Je mehr Glaubenssätze du veränderst, desto tugendhafter wird dein Leben, desto klarer wirst du in deinen Entscheidungen und desto mehr verschiedene Teile deines Gehirns entwickeln sich. Der höhere Aspekt von uns selbst hält uns mit unserer Seele verbunden. Das Höhere Selbst ist vollständig mit unserer Seele, unserem Fünfte-Ebenen-Selbst verbunden wie auch mit allen Glaubensebenen und all ihren Aspekten.

Dieser Aspekt ist ebenfalls mit anderen Dimensionen verbunden, die wir später im Buch noch erforschen werden.

Wenn du ‚hoch gehst‘, um mit dem Schöpfer zu kommunizieren, kannst du das Höhere Selbst manchmal mit dem Schöpfer verwechseln. Es ist wichtig, den Unterschied zu kennen. Je mehr Glaubensarbeit du machst, desto bewusster wirst du dir deines Höheren Selbst. Es ist dein freundlichster und liebevollster Teil, also setze dir im Leben das Ziel, mehr von ihm in deinen Alltag zu bringen.

Ohne es bewusst wahrzunehmen, hat jeder eine vorlaufende Konversation mit den Aspekten seines Selbst, die in unserem Kopf vor sich geht. Es kann sein, dass das Höhere Selbst die Stimme der Vernunft ist, und ich schlage dir nicht vor, dass du nicht auf diese Stimmen hören solltest, sondern nur, dass du dir bewusst wirst, was für einen Einfluss sie haben.

DIE VIER ASPEKTE DER GENETISCHEN EBENE

Diese vier Aspekte sind einer Software oder einer Anleitung ähnlich, wie wir unser Leben führen. So wie eine Software, die Aktivitäten und Funktionen der Hardware organisiert, bewahren diese Aspekte die instinktiven Programme und verarbeiten Probleme der Vorfahren.

1. Genetisches Überlebensselbst

Dieser Aspekt ist die instinktive DNA-Software im Unterbewusstsein, die eine Kombination aus Überlebensprogrammen aus den Erinnerungen und Gefühlen unserer Vorfahren sind.

2. Genetisches unterschwelliges Selbst

Dies ist der Teil unseres Gehirns, der Probleme mit der Ahnenreihe löst. Diese Probleme können aufgrund von Stress in der Vergangenheit oder aufgrund von depressiver Motivation von Vorfahren stammen, die arm und verzweifelt waren. Dieser Prozess ist ein Versuch, alles zu lösen, was deine Vorfahren noch nicht abgeschlossen haben. Denke daran, viele der Energien, die wir von unseren Vorfahren erhalten haben, sind positiv.

3. Genetisches Ego

Dieser Aspekt hat Programme, die gut oder nicht so gut sein können. Deine Vorfahren haben dir womöglich das Programm vererbt, stolz auf deine ethnische Zugehörigkeit oder Volksgruppe zu sein. Dein genetisches Ego hat aber womöglich den Glaubenssatz, dass dein ethnischer Hintergrund die ‚Auserwählten‘ oder das ‚Überlegenen Volk‘ sind, was zu unnötigen Vorurteilen führen kann.

4. Genetisches Höheres Selbst

Dieser Aspekt ist dasselbe Höhere Selbst, das sich durch die Aspekte der genetischen Ebene ausdehnt.

•••

In ThetaHealing-Seminaren wird jedem Teilnehmer beigebracht, in die Energie des Schöpfers von Allem was Ist hochzugehen. Einige Menschen haben jedoch versteckte genetische Programme, die erst offensichtlich werden, nachdem sie etwas über die Energie von Allem was Ist erfahren.

Ich erinnere mich beispielsweise an einen Brief, den ich von einer meiner Studentinnen bekommen habe, in welchem sie schrieb: „Danke Vianna für alles, was du mir beigebracht hast, aber ich habe etwas Besseres gefunden. Ich habe herausgefunden, dass ich mich mit der Energie von Allem was Ist verbinden kann."

Ich erkannte, dass sie aus irgendeinem obskuren Grund nicht entdeckt hatte, wie sie sich mit der Energie von Allem was Ist verbinden konnte, während sie bei mir studiert hatte. Offensichtlich ist sie nur bis zur Fünften Ebene ,hoch gegangen'. Es war wahrscheinlich Wochen oder Monate nach dem Seminar, als sie die Alles-was-Ist-Essenz erkannt hatte. Aus irgendeinem Grund hatte sie nicht gehört, was ich ihr im Seminar beigebracht hatte und dachte, sie hätte selbst etwas Neues gefunden. Dies scheint bei Menschen mit genetischen Themen in einem der drei Aspekte, Überlebens-, unterschwelliges oder Ego-Selbst häufig vorzukommen.

DIE VIER ASPEKTE DER HISTORISCHEN EBENE

Diese Aspekte sind wie ein Computer-Netzwerk, ein ‚Intranet', das Informationen aus dem Gruppenbewusstsein und aus Erinnerungen an vergangene Leben verarbeitet.

1. Historisches Überlebensselbst

Dieser Aspekt ist das Gruppenbewusstsein, Erinnerungen an vergangene Leben und Gefühle in Bezug auf das Überleben.

2. Historisches unterschwelliges Selbst

Dieser Aspekt versucht immer Probleme zu lösen, die mit etwas aus der Historischen Ebene zu tun haben. Es kann etwas aus einem anderen Leben sein, unerledigte Dinge von einem Urvorfahren oder aus dem Gruppenbewusstsein, die das unterschwellige Selbst in dieser Realität verändern möchte. Denke daran, Erinnerungen an vergangene Leben bedeuten nicht notwendigerweise, dass es deine Leben waren.

3. Historisches Ego-Selbst

Dieser Aspekt ist das Ego aller Erinnerungen an vergangene Leben, ob sie dir gehören oder von Urvorfahren stammen. Es ist möglich, sich mit den Ego-Erinnerungen von anderen zu verbinden und sie mit deinen eigenen zu verwechseln. Manchmal erkennen Menschen, dass sie in ihren vergangenen Leben erstaunliche Dinge gemacht haben und sehr mächtig waren. Dann verhalten sie sich so, als wären sie noch immer Indianerhäuptlinge, die Königin von Saba, Kleopatra, Meister oder sonst irgendwelche Götter und Göttinnen. Wenn dies passiert, kann das Ego dieser vergangenen Leben ihre spirituelle Entwicklung abhalten. Denke daran, alles was jemals gelebt hat, hinterlässt Eindrücke, Erinnerungen in jedem Sandkorn und Wassertropfen.

4. Historisches Höheres Selbst

Dieser Aspekt ist die Summe aller Erinnerungen an vergangene Leben und aller Bewusstseine anderer Personen. Es ist dasselbe Höhere Selbst, das von den anderen Aspekten der historischen Ebene geteilt wird.

DIE SEELEN-EBENE

Die Seelen-Ebene ist der Computer-Prozessor, die Festplatte und die Stromquelle, welche die kombinierten Daten empfängt und verarbeitet, um Ergebnisse zu generieren. Es ist die Summe aller Ebenen und Aspekte. Die Seele leitet das große Ganze und lernt von den höheren Aspekten des Selbst.

Dein Gehirn zeichnet jede Sekunde, jede Minute eines jeden Tages auf, mit der inneren Erkenntnis, dass deine Lebenserfahrungen eine Bestimmung haben. Dein Höheres Selbst führt diese Parade an. Es lernt alles, was die Seele braucht, um zu wachsen.

Wenn ich Glaubensarbeit mache, frage ich: „Was für eine Tugend hast du daraus gelernt?" Diese Frage ist an den Aspekt des Höheren Selbst gerichtet, der mit der Seele verbunden ist. Die Seele kann nur Fortschritte machen, wenn Tugenden gemeistert und Laster erkannt, konfrontiert und für unsere Weiterentwicklung in dieser dualistischen Welt nicht mehr länger benötigt werden.

Wir wachsen durch all unsere Erfahrungen, die Seele ist ewig und dennoch zerbrechlich genug, um von der Härte des Seins in einem menschlichen Körper beeinflusst zu werden. Die Seele und der Geist sind zwei Teile von ein und demselben. Während die Seele in ihrer Natur multidimensional ist, ist der Geist die ATP-Energie im Körper. ATP, oder Adenosin-Triphosphat, wird durch stabförmige Zellorganellen, sogenannte Mitochondrien, erschaffen, die als Stromgeneratoren fungieren. Mitochondrien verwandeln Sauerstoff und Nährstoffe in reine ATP-Energie, welche von den Zellen genutzt wird, damit sie funktionieren. Die elektrischen Impulse der ATP-Energie sind das Zuhause des Geistes.

Der erste Aspekt der Seele

Dieser Aspekt ist die Summe und Konfiguration aller anderen Stufen in der Dreidimensionalität, welche die Erde und den Körper, der das Haus unsere Seele ist, beinhalten.

Der zweite Aspekt der Seele

Dieser Aspekt ist die Summe aller Erfahrungen der Seele in allen Dimensionalitäten. Es gibt hunderte von Dimensionen und wir verstehen nur drei. Wir sind so viel komplexer, als wir denken.

Der dritte Aspekt der Seele

Dieser Aspekt ist der beste der Ego-Aspekte aller Dimensionen. Seine Natur hängt vom Alter der Seele ab, ob es sich um eine junge Seele oder einen älteren Meister handelt, und wie alt sie in Bezug auf die Lebenszeiten ist. Wenn jemand eine junge Seele ist, kann es sein, dass er ein unausgereiftes Ego hat und an vergangenem Ärger festhält. Jedoch können wir nur aus der Vierten Ebene herauskommen, wenn wir erkennen, dass wir andere lieben müssen. Eine alte Seele, die aus der Dritten Ebene bereits aufgestiegen ist, wird kein seltsames Ego haben. Wenn jemand eine alte Seele ist, die aus einer höheren Stufe der Fünften Ebene kommt, dann ist ihr Seelen-Ego bemerkenswert und wundervoll.

Die Seelen-Ebene erfährt selten Egoismus. Egoismus kommt von den tieferen Stufen der Fünften Ebene, wenn Baby-Seelen versuchen, ihren Platz im Universum zu finden. Ein wahrer aufgestiegener Meister wird nicht egoistisch auf Seelen-Ebene, da er alle Tugenden bereits gemeistert hat und vollständig mit der Erfüllung anderer verbunden ist.

Der vierte Aspekt der Seele

Dieser Aspekt ist der vollständig aufgestiegene Teil von dir selbst – wie weit du dich auf allen Ebenen der Existenz entwickelt hast. Sobald wir in diesem Leben alles, was wir können, gelernt haben, stehen wir mit einem aufgestiegenen Selbst da, das bemerkenswert ist.

•••

Sobald die ersten drei Glaubensebenen – die Kern-, genetische und historische Ebene (und die darin enthaltenen Aspekte) – in einem Leben gemeistert sind, ist es der Seele möglich, sich auf den Stufen der Fünften Ebene weiterzuentwickeln und zu entfalten.

Das Bewusstsein ist der Teil des Gehirns, der alles aussortiert, deshalb ist es wichtig, sich aller Energien im Überlebens-, im unterschwelligen, im Ego- und im Höheren-Selbst bewusst zu sein. Dies ist besonders wichtig, um Verwirrung zu vermeiden, wenn du zum Schöpfer hoch gehst. Wir nutzen das Bewusstsein, um diese Aspekte neu auszurichten und die Realität zu erschaffen, die wir möchten, mit einem Lebensstil, der angenehm für uns ist, während wir dennoch die Bestimmung unserer Seele erfüllen.

Richtig ausgerichtet sind das Unterbewusstsein und das Höhere Selbst dazu gestaltet, Erfahrungen zu erschaffen, als Möglichkeit, um Tugenden zu lernen. Wenn Tugenden erreicht werden, entwickeln sich neue Fähigkeiten und unsere Gedanken werden leicht, dadurch wird es möglich, die universellen Gesetze zu biegen. Jede Erfahrung bringt etwas Gutes mit sich. Auf Seelen-Ebene lernen wir immer Tugenden.

Frage dich selbst: „Welche Tugenden habe ich erlernt?"

•••

Kapitel 3

MIT DEN ASPEKTEN ARBEITEN

In diesem Kapitel werden wir die Aspekte genauer erforschen und lernen, wie wir mit ihnen als Heiler arbeiten können, wenn wir Glaubensarbeit machen.

1. DAS ÜBERLEBENSSELBST

Die Aufgabe des Überlebensselbst ist es zu überleben, komme was da wolle. Dies ist ein wichtiger Aspekt davon, wer wir sind. Das Überlebensselbst hat viele positive Eigenschaften, zum Beispiel hält es an einigen Glaubenssystemen fest, so dass wir nicht zu schnell manifestieren, denn sobald wir erschaffen haben, müssen wir in dem Leben, was wir manifestiert haben. Das Überlebensselbst möchte uns vor Stress bewahren. Ist das Überlebensselbst gestresst, versucht das unterschwellige Selbst, die Situation zu reparieren, und umgekehrt.

Das Überlebensselbst ist einer der offensichtlicheren Aspekte der Kern-Glaubensarbeit. Meistens wenn wir Glaubensarbeit machen, triggern wir das Überlebensselbst. Zum Beispiel könnte sich das Programm ‚Liebe tut weh' in deiner Kindheit entwickelt haben, falls deine Mutter dich geschlagen hat und dazu sagte: ‚Ich mache das, weil ich dich liebe.' Die Reaktion des Überlebensselbst (, welche sich immer darum dreht, uns vor zukünftigen Verletzungen zu schützen,) ist es, dem Unterbewusstsein zu vermitteln: ‚Oh! Liebe tut weh!' Dies könnte sich dann zu einem Programm entwickeln, um Situationen in Zusammenhang mit ‚Liebes-'Beziehungen zu vermeiden. Wenn du dann erwachsen wirst und eine romantische Beziehung eingehst, kannst du aufgrund dieses Überlebensprogrammes diesen besonderen Menschen womöglich von dir stoßen, wenn er sagt: ‚Ich liebe dich.' Sobald du feststellst, dass das Überlebensselbst dieses Programm hat und wann es begonnen hat, kann es durch Glaubensarbeit verändert werden.

Ich kenne die Umstände deiner Geburt und deiner frühen Entwicklung nicht, wenn du jedoch traumatisiert warst, besteht eine gute Chance, dass du dein Leben in Sorge und Stress leben wirst. Du wirst nicht auf dieselbe Weise leben, wie jemand, der geliebt und genährt wurde. Du wirst im Überlebensmodus sein. Viele Menschen sind im Überlebensmodus und trotzdem motiviert von ihrem Höheren Selbst. Du hast womöglich schreckliche Angst, in deinem Leben voranzuschreiten, dein Höheres Selbst bringt dich aber dennoch vorwärts.

Weil du jedoch Angst hast, wird dein Überlebensselbst versuchen, dich davon abzuhalten, das zu machen, was du machen solltest, um voranzukommen, auch wenn du weißt, dass es dein Lebensweg ist. Dann kann es sein, dass du, kurz bevor du es machen solltest, krank wirst. Da dein Höheres Selbst dich trotzdem dazu bringen möchte, es zu machen, gibt es einen Kampf. Ich weiß nicht, wie viele Menschen einen solchen Kampf mit sich selbst führen, aber ich vermute, es sind viele. Ich selbst habe diesen Kampf auch von Zeit zu Zeit erlebt, denn Teile meines Lebens sind geleitet durch mein Höheres Selbst und mein Voranschreiten ist unaufhaltsam, aber mein Überlebensselbst jammert ab und zu über die Situation. Deshalb gebe ich mein Bestes, mich selbst mit verschiedenen Programmen zu motivieren. Eines der Programme, die ich verwende, lautet: ‚Ich arbeite zum Wohl meiner Familie.' Das lässt mich weiterarbeiten.

Wenn wir Programme wechseln und verändern können, wird sich das Überlebensselbst sicher fühlen. Fühlt sich das Überlebensselbst sicher, können wir über mehr Einfluss des Höheren Selbst verfügen, um Tugenden einfacher zu erschaffen.

Wenn zum Beispiel die Tugend von Geduld gebraucht wird, wird uns das Höhere Selbst schwierige Menschen in unser Leben bringen, die uns Geduld lehren. Wenn jedoch jeder Aspekt mit dem Höheren Selbst verbunden ist, dann ist der Weg zu Tugenden viel einfacher.

2. DAS UNTERSCHWELLIGE SELBST

Das unterschwellige Selbst ist ein Problemlöser für das Gehirn und manchmal für die Seele. Wir brauchen den unterschwelligen Teil von uns, um uns voranzubringen. Es erschafft Situationen, um den Bedürfnissen zu entsprechen, und löst Probleme. Wenn ein Arzt jemandem beispielsweise sagt, er habe noch zwei Monate zu leben, wäre es das Unterschwellige das sagen würde: ‚Aha? Willst du darauf wetten?' Wenn jemand sagt: ‚Du wirst niemals erfolgreich sein', ist es der unterschwellige Teil des Gehirns, welcher aktiviert wird und sagt: ‚Aha? Willst du darauf wetten?', und die Person macht weiter und hat Erfolg in ihrem Leben.

Wenn jemand mit jemandem abrechnen, Rache nehmen oder jemanden bestrafen möchte, ist dies das unterschwellige Selbst, welches versucht, ein Problem aus der Vergangenheit zu lösen. Das unterschwellige Selbst weiß nicht, dass es auf Rache aus ist. Für das unterschwellige Selbst sind seine Handlungen einfach dazu da, ein Problem zu lösen. Eine Art herauszufinden, ob das Unterschwellige eine Situation beeinfluss, ist es zu fragen: ‚Was profitiere ich von diesem Problem und was ist die Motivation dafür?'

Abhängig von der Situation arbeitet dein unterschwelliges Selbst für oder gegen dich. Du hast womöglich eine gefährliche Kombination, wenn das negative unterschwellige Selbst das Bewusstsein lenkt. Ein Beispiel dafür ist, wenn jemand so sehr auf Rache aus ist, dass das Unterschwellige beginnt, sie zu planen und danach zu handeln. Wenn das Bewusstsein jedoch ausreichend Kontrolle hat und sich des Unterbewusstseins bewusst ist, ist das Leben der Person im Gleichgewicht. Das bedeutet, das unterschwellige Selbst wird keine Möglichkeit haben, unnötiges Drama zu erschaffen.

Das unterschwellige Selbst kann durch ein ausgeglichenes Bewusstsein und die Erkenntnis, dass alles eine Manifestation ist, umgelenkt werden und so kann das Problem auf andere Weise gelöst werden.

Heiler können anderen helfen, damit es ihnen besser geht, indem sie ihnen zeigen, wie ihr Unterbewusstsein arbeitet, mit der Option, etwas anderes zu machen. Wenn du dem Klienten zuhörst, kannst du ihm sagen: ‚Wir können das verändern.' Dies lässt dich als Heiler besser werden, da es dich Urteilsvermögen lehrt.

SELBST-GLAUBENSARBEIT

Die beste Art, den Unterschied zwischen den verschiedenen Aspekten der Glaubensebenen zu erkennen, ist durch die Glaubensarbeit an dir selbst. Dies wird dir zeigen, was du unterbewusst machst. Wenn du identifizieren kannst, was dein Unterbewusstsein vorhat, kannst du den Unterschied zwischen deinem Höheren Selbst und dem Schöpfer erkennen.

Das unterschwellige Selbst versucht für dich zu arbeiten, auch wenn es scheint, als würde es gegen dich arbeiten. Das unterschwellige Selbst braucht womöglich viele Jahre, um gewisse Szenarien und Situationen zu erschaffen. Wir erkennen womöglich nicht, dass unsere Handlungen durch ein Problem in der Vergangenheit beeinflusst worden sein könnten, welches das unterschwellige Selbst als ‚unerledigt‘ ansieht.

Ich hatte zum Beispiel einmal ein großes Ladenlokal mit einem riesigen Schild, auf welchem ‚Vianna's Nature's Path‘ stand. Ich habe das so genannt wegen eines Handelsmarkenthemas in Bezug auf den Originalnamen, den ich davor genutzt hatte, nämlich ‚Nature's Path‘.

Als ich den Laden näher an das neue Institut gebracht habe, damit die Studenten einen besseren Zugang dazu hatten, habe ich zusätzlich eine Kaffee-Bar eingerichtet. Das neue Ladenlokal war kleiner als das alte und nun war ich dort mit diesem gigantischen Schild, welches ich nicht mehr brauchte. Normalerweise kannst du alte Schilder an die Schilder-Fabrik zurück verkaufen, damit sie es erneut nutzen können, aber dies habe ich abgelehnt. Ich hielt am alten Schild fest und wollte es nicht loslassen, deshalb habe ich es hinter den neuen Laden bringen lassen. Schlussendlich baten mich meine Kinder, Glaubensarbeit in Bezug auf das alte Schild zu machen. Als ich die Chance hatte, habe ich mich hingesetzt, um Glaubensarbeit mit mir selbst in Bezug darauf zu machen, warum ich so sehr an diesem Schild hing.

Die beste Weise der Selbst-Arbeit, die ich gefunden habe, war nicht, mir selbst eine Serie von Fragen zu stellen, sondern hochzugehen und den Schöpfer zu fragen. Also fragte ich:

- Wann hat das angefangen? (Überlebensselbst)

- Was profitiere ich davon? (unterschwelliges Selbst)

- Warum hänge ich so an diesem Schild?

- Warum kämpfe ich so sehr dafür, das Schild zu behalten?

Als ich diese Fragen stelle, zeigte mir der Schöpfer den Grund sofort und ich stellte fest, dass meine Anhaftung an das Schild schon vor langer Zeit angefangen hatte, als ich mit meinem dritten Ehemann verheiratet war und unsere Beziehung schwierig war.

Als ich die Scheidung wollte, sprach er eine Drohung gegen meine Familie und mich aus: ‚Wenn du mich verlässt, werde ich dein Geschäft zerstören, ich werde deine Kinder zerstören und wenn du dann noch am Leben bist, werde ich dich umbringen.‘ Offensichtlich glaubte ich ihm, denn ich verschob die Handlung für ein paar weitere Monate und füllte die Scheidungspapiere aus, als ich mich tapferer fühlte.

Als ich feststellte, wo diese Anhaftung begann, fand ich dies interessant und ich fragte: ‚Schöpfer, was profitiere ich davon dieses Schild zu haben?‘

Augenblicklich war alles klar. Mein Exmann fuhr jeden Tag an diesem Schild vorbei. Er konnte es nicht übersehen, weil es an einer der belebtesten Straßen der Stadt ganz in seiner Nähe war. Er liebte metaphysische Geschäfte und konnte nie hereinkommen, aber täglich musste er daran vorbeifahren und es war unmöglich für ihn, es zu ignorieren. Dies war eine Botschaft für ihn die sagte: ‚Es gibt mich noch.‘

Ich wartete 10 Jahre, um dieses Schild aufzuhängen, um sicherzustellen, dass er wusste, dass ich nicht durch ihn ‚zerstört‘ wurde und ich es allein geschafft habe. Man sagt, die beste Rache ist der Erfolg und mein unterschwelliges Selbst arbeitete an diesem Problem für viele Jahre und entschied sich, es geradezurücken. Auf gewisse Weise versuchte ich mich sicher zu fühlen, da ich mich damals so fürchtete und hilflos fühlte. Mein unterschwelliges Selbst hatte jedoch keine Angst, es wartete nur darauf, etwas zu unternehmen.

Zuerst dachte ich: *Also, das war eigentlich ziemlich clever. Ich treibe ihn in den Wahnsinn.* Dann konnte ich nicht glauben, dass dies meine Motivation war. Musste ich dies noch weiter machen? Der Schöpfer sagte mir, dass es eine Zeitverschwendung ist.

Bitte verstehe, dass ich nicht wütend auf mein unterschwelliges Selbst bin. Du solltest wissen, dass ich auf gewisse Weise erfreut war, dass mein unterschwelliges Selbst sich so viel Mühe machte, ein riesiges Schild zu errichten, denn mir wurde etwas sehr Wichtiges klar: Ich könnte dieselbe Entschlossenheit in meinem Leben für mich arbeiten lassen. Als ich dies über mich selbst lernte, wusste ich, dass ich nicht mehr auf diese Weise motiviert sein musste.

Ich erkannte, dass mein unterschwelliges Selbst Probleme vor und nach diesem bereits veränderte. Die versteckten Motivationen anderer Dinge die ich tat, wurden plötzliche klarer und dies eröffnete eine tiefere Ebene der Glaubensarbeit.

Um dir zu zeigen, wie mächtig das unterschwellige Selbst ist, möchte ich eine andere Erfahrung mit dir teilen. Bevor ich aus Idaho weggezogen bin, habe ich eine gigantische Werbetafel am Flughafen von Idaho Falls aufgehängt, auf der stand: ‚Gründungsort von ThetaHealing‘, mit meinem Bild darauf. Da wir nach Montana gezogen sind, fragte mich meine Tochter Bobbi, ob ich die Werbung abnehmen möchte. Ich sagte ihr: ‚Nein. Ich möchte, dass meine Klienten und Freunde in Idaho wissen, dass es mich noch immer gibt, und ich möchte ihnen danken, dass sie am Anfang von ThetaHealing da waren.‘

DAS NEGATIVE UNTERSCHWELLIGE

Ein gutes Beispiel, wie das Unterschwellige Selbst negativ arbeitet, wurde durch die Erfahrung von einer meiner

Klientinnen dargestellt, einer Frau, die eine schwere Krankheit entwickelte. Ich machte Glaubensarbeit mit ihr und es ging ihr besser, aber zwei Jahre später kam die Krankheit wieder zurück und sie kontaktierte mich erneut.

Während dem Reading konnte ich sehen, dass die Krankheit wirklich schlimm wurde, daher fragte ich sie: ,Okay, wenn ich eine Heilung für dich mache, was würdest du machen, wenn du wieder vollständig gesund wärst? (Dies ist immer eine gute Frage, um festzustellen, ob das Unterschwellige Selbst von jemandem am Arbeiten ist.)

Sie sagte mir: ,Oh, ich möchte nicht vollständig gesund sein. Mein Ehemann hat mich mit meiner besten Freundin betrogen und hat mich verlassen. Danach wurde ich krank und er kam zurück zu mir, um sich um mich zu kümmern. Und wenn es das Letzte ist, was ich mache, er wird dafür bezahlen, was er mir angetan hat, indem er sich jeden Tag für den Rest meines Lebens um mich kümmert.'

Was ist ihr unterschwelliger Grund, an dieser Krankheit festzuhalten? Es ging ihr nicht vollständig besser, weil ihr Unterschwelliges Selbst gegen sie arbeitete. Es brachte ihren Ehemann zurück zu ihr, jedoch wollte sie sich immer noch an ihm rächen, weil er sie betrogen hatte, indem er bei ihr bleiben musste, während ihrer Krankheit. Sie hat ihn 15 Jahre lang gequält.

Raum zum Atmen

Manchmal hilft uns das Unterschwellige dabei, etwas Raum zum Atmen in unserem Leben zu bekommen, bis wir bereit sind weiterzumachen. Zum Beispiel habe ich ein Reading mit einer Klientin gemacht, die wollte, dass ihre Scheidung abgeschlossen wird.

Vianna: ,Wie lange dauert die Scheidung schon?'

Frau: ‚Länger als es dauern sollte. Ich weiß nicht warum.'

Vianna: ‚Wann hast du dich entschieden, dich scheiden zu lassen?'

Frau: ‚Es begann, als er grausam und gemein wurde, und ich wusste, dass ich weg musste.'

Diese Antwort kam vom Überlebensselbst.

Vianna: ‚Was profitierst du davon, dass deine Scheidung nicht durchgeht?'

Frau: ‚Wenn es länger dauert, muss ich mich mit niemandem verabreden.'

Sie hatte offenbar große Angst, wieder mit jemandem auszugehen.

Vianna: ‚Warum hast du Angst vor einer Verabredung?'

Frau: ‚Alle meine Freunde denken, ich brauche einen Ehemann. Ich möchte mich aber nicht verabreden, ich bin einfach nicht bereit dazu. Ich muss zuerst wissen, wer ich bin. Je länger es dauert, desto mehr Zeit habe ich für mich.'

In diesem Fall hat das Unterschwellige Selbst der Klientin sie unbewusst dazu gebracht, ihre Scheidung länger hinauszuzögern, damit sie sich nicht verabreden musste.

Kontrolle

In einer anderen Sitzung versuchte das Unterschwellige Selbst die Probleme meines Klienten mit seinen bedürftigen Geschwistern zu lösen, aber dies bedeutete, sich seiner kontrollierenden Mutter zu unterwerfen, was ihn unglücklich machte.

Vianna: ‚Was würdest du gerne bearbeiten?'

Mann: ,Meine Mutter lebt bei mir und sie treibt mich in den Wahnsinn.'

Vianna: ,Was profitierst du davon, dass deine Mutter bei dir wohnt?'

Mann: ,Ich profitiere nichts davon. Sie treibt mich zum Wahnsinn.'

Vianna: ,Denk einen Moment darüber nach. Was nützt es dir, wenn sie bei dir lebt?'

Er dachte einen Moment nach, bevor er antwortete.

Mann: ,Meine Mutter ist die kontrollierendste Person, die ich jemals kannte. Sie hat mich mein ganzes Leben lang kontrolliert. Nun ist sie älter und lebt bei mir und ich kontrolliere ihr Leben. Meine Geschwister vermeiden es, mich zu besuchen und sich Geld zu borgen, weil sie unsere Mutter hassen.

Dies zeigte mir, dass sein Unterschwelliges Selbst ihm sowohl half als ihn auch behinderte, daher gab ich ihm folgende Downloads:

- ,Würdest du deine Mutter gerne verstehen?'

- ,Würdest du gerne wissen, dass dieser Teil deines Lebens abgeschlossen ist?'

- ,Würdest du gerne wissen, dass du zu deinen Geschwistern ,Nein' sagen kannst?'

Diese Downloads wurden dazu gestaltet, die Vergangenheit aufzulösen und ihm zu helfen, seine Mutter zu verstehen. Ansonsten hätte sich die Situation nicht positiv und gesund für beide verändert.

Nun war sein Bewusstsein bereit, das Bedürfnis für Veränderung zu erkennen und alles fing mit einer Frage an: ,Was hast du davon profitiert?'

Missbrauch

Als ich eine junge Mutter war, sah ich mir die Oprah Winfrey Show im Fernsehen an, als sie eine Frau interviewte, die als Kind missbraucht worden war. Als ich dieser Frau zuhörte, wie sie ihre Geschichte erzählte, dachte ich: *Das ist ja gar nichts. Wenn das Missbrauch ist, ist das, was mit mir passiert ist viel schlimmer.*

In diesem Moment wurde mir klar, dass das, was mir passiert war, Missbrauch war und nicht „normal". Als ich jünger war, war es für mich normal, aber du kannst mir glauben, dass mein Unterschwelliges Selbst wusste, dass es nicht so war. Als ich 29 Jahre alt war, befand ich mich in einem Kurs, der mich zum nuklearen Sicherheitsbeamten ausbildete, um sicherzustellen, dass ich nie wieder von jemandem verletzt werden würde. Danach konnte ich mich verteidigen. Diese Entscheidung als Mutter von drei Kindern musste von meinem Unterschwelligen Selbst kommen.

Warum habe ich das gemacht?

Ich kämpfte auf Matten mit Männern, die fast doppelt so groß waren wie ich, und schoss mit Pistolen und M16. Am Ende bin ich einen ganz anderen Weg gegangen, aber ich habe den Kurs trotzdem beendet, damit ich nie wieder ein Opfer sein muss. Unser Unterschwelliges Selbst treibt uns voran, um Probleme zu lösen, selbst wenn es 30 Jahre oder länger dauert.

DAS GENETISCHE UNTERSCHWELLIGE

Die folgende Glaubensarbeitssitzung ist ein gutes Beispiel dafür, wie genetische Programme verschiedene Aspekte beeinflussen.

Vianna: ‚Woran würdest du gerne arbeiten?‘

Frau: ‚Ich hasse meinen Ehemann.‘

Vianna: ‚Warum hasst du deinen Ehemann?‘

Frau: ‚Er ist wütend auf mich, weil ich die ganze Zeit arbeite.‘

Vianna: ‚Arbeitest du denn die ganze Zeit?‘

Frau: ‚Ja, aber es ist meine Karriere. Ich muss arbeiten.‘

Vianna: ‚Die ganze Zeit?‘

Frau: ‚Ja, wenn ich erfolgreich sein möchte.‘

Vianna: ‚Du hast somit keine Zeit für deinen Ehemann?‘

Frau: ‚Unser größtes Problem ist, dass meine Arbeit am aller wichtigsten ist.‘

Vianna: ‚Wann hat das angefangen?‘

Frau: ‚Ich weiß es nicht, dass war immer schon so.‘

Vianna: ‚Schließe deine Augen und gehe hoch auf die Siebte Ebene und frage den Schöpfer, wann das begonnen hat.‘

Frau: ‚Ich habe gefragt und es ist schon seit hunderten von Jahren so. Du musst erfolgreich sein, du musst arbeiten, du musst als Familie erfolgreich sein, das war schon immer so.‘

Vianna: ‚Okay. Frage den Schöpfer, wie dich das motiviert? Was hat deine Familie davon profitiert?‘

Frau: ‚Ihnen war das Überleben garantiert und sie mussten als Paar keine Zeit miteinander verbringen. Dies bedeutet, dass sie immer verheiratet bleiben würden.'

Vianna: ‚Kannst du Zeit für deinen Ehemann haben und trotzdem arbeiten und Erfolg haben?'

Frau: ‚Nein, denn dann würde er mich wirklich kennen. Liebe ist nicht real – nur das Bedürfnis zu überleben.'

Vianna: ‚Würdest du das gerne verändern?'

Frau: ‚Ich denke schon.'

Vianna: ‚Lass uns dies verändern zu: „Dieses Programm ist abgeschlossen. Ich kann erfolgreich sein und arbeiten und trotzdem Liebe haben." Habe ich deine Erlaubnis dir den Download zu geben, „Wie sich Liebe anfühlt und dass du Liebe haben kannst"? Dann kannst du deinen Ehemann dich lieben und kennen lassen und trotzdem erfolgreich sein.'

Frau: ‚Ja.'

Vianna: ‚Bist du erfolgreich?'

Frau: ‚Ja, ich bin sehr erfolgreich. Ich kann meine Familie einfach unterstützen.'

Vianna: ‚Haben deine Eltern einander geliebt?'

Frau: ‚Nein, aber sie haben einander respektiert. Meine Mutter ist Ärztin und mein Vater ein Ingenieur.'

Vianna: ‚Lass uns testen, ob du Liebe und Erfolg haben kannst.'

Der Energietest ergab „Nein" als Antwort.

Frau: ‚Es ist falsch für mich, das zu haben, denn meine Eltern wären dann eifersüchtig und verärgert. Sie würden denken, dass ich meine Karriere vernachlässigen würde.'

Vianna: ‚Lass uns dir zeigen, dass es möglich ist.'‘

Frau: ‚Okay. Aber wo fange ich an?'

Vianna: ‚Lass uns den Schöpfer fragen. Okay, folgendes wurde mir gesagt. Habe ich die Erlaubnis dir den Download zu geben, „Es ist sicher, Erfolg zu haben und trotzdem verliebt zu sein und dass das alte Programm sich verändert hat und du nun beides haben kannst, Liebe und Erfolg"?'

Frau: ‚Ja.'

Ihre Aspekte haben die Situation wie folgt beeinflusst:

- **Ihr Überlebensselbst** wurde beeinflusst durch das genetische Programm: ‚Ich muss erfolgreich sein, um zu überleben.'

- **Ihr Unterschwelliges Selbst** wurde beeinflusst durch das genetische Programm „Meine Ehe bleibt erhalten, wenn ich beschäftigt bleibe".

- **Ihr Ego-Selbst** wurde beeinflusst durch das Programm „Das Leben wird durch Geld gemessen".

- **Ihr Höheres Selbst** sehnte sich nach Liebe und Selbstakzeptanz und sie sehnte sich nach dem nächsten Schritt.

- **Der Schöpfer sagt:** ‚Du kannst sowohl Liebe als auch Erfolg haben, um dein Bestes zu werden.'

Epigenetik

Die folgende Glaubensarbeitssitzung ist ein Beispiel dafür, wie psychischer Stress Veränderungen in der physischen DNA bewirken kann, die an die nächste Generation weitergegeben wird. Dies erschafft ein Glaubenssystem auf der genetischen Glaubensebene, welche diesen Aspekt beeinflusst.

Eine Frau kam in meine Klasse und ich stellte fest, dass sie aggressiv gegenüber den anderen Studenten war. Aber intuitiv wusste ich, dass sie unter all dem eine freundliche Person war. Als ich die Gelegenheit hatte, setzte ich mich mit ihr zusammen, um dieses Problem zu erforschen.

Vianna: ‚Was lässt dich denken, dass du immer überkorrigieren und die ganze Zeit streiten musst.‘

Frau: ‚Ich weiß es nicht. Ich beobachte mich selbst, dass ich das mache, aber verstehe nicht wieso.‘

Vianna: ‚Aber wenn du es verstehen würdest, wann hat das angefangen?‘

Frau: ‚Solange ich mich erinnern kann, war es immer schon so.‘

Vianna: ‚Okay, lass uns über deine Eltern sprechen.‘

Frau: ‚Meine Eltern waren immer sehr unterwürfig.‘

Vianna: ‚Okay, weißt du warum sie so waren?‘

Frau: ‚Nun, meine Großmutter war eine Überlebende des Holocaust.‘

Vianna: ‚Wie beeinflusst dich das?‘

Frau: ‚Ich hörte immer Geschichten, wie die Familien in ihren Tod geführt wurden.‘

Vianna: ‚Okay, wie dient dir das Gefühl aus diesen Geschichten? Was profitierst du davon? Berühre deinen Arm und schließe deine Augen. Frage den Schöpfer: „Was profitiere ich davon? Was würden meine Vorfahren davon profitieren diesen Glaubenssatz zu haben?"

Sie sah mich mit tränenerfüllten Augen an.

Frau: ‚Sie wurden nur durch ein paar wenige Soldaten zu ihrem Tode geführt. Niemand hat sich gewehrt, sie konnten einfach nicht glauben, dass das mit ihnen passiert. Meine Großmutter verlor viele Familienmitglieder an diesem Tag und niemand hat sich gewehrt, darum werde ich kämpfen. Ich werde das nie wieder mit meinem Volk passieren lassen.'

Vianna: ‚Würdest du gerne wissen, dass du für dich selbst einstehen kannst, und dass du weißt wann und wie? Dass du weißt, wie du „Nein" sagst und du sicher bist? Und dass du weißt, wann der richtige Zeitpunkt aus der Perspektive des Schöpfers ist, „Nein" zu sagen und wann der richtige Zeitpunkt stark zu sein. Und dass du nicht mehr so stark überkorrigieren musst?'

Frau: ‚Ja, das würde ich gerne wissen.'

Der Schöpfer lehrte sie, wie es sich anfühlt, sicher zu sein, aber ich schlug ihr vor, die Herz-Lied-Übung, wie im Buch ThetaHealing für Fortgeschrittene beschrieben, zu nutzen, um etwas von der Trauer ihrer Vorfahren aufzulösen.

Wie beeinflusste ihr Überlebensselbst die Situation? Mit dem Programm „Ich muss kämpfen".

Wie beeinflusste ihr unterschwelliges Selbst die Situation? Das unterschwellige Selbst arbeitete am Problem mit dem Programm „Ich muss korrigieren, was mit meiner Familie passiert ist" und „Das wird uns niemals wieder passieren".

Ihre Überkorrektur basierte auf dem genetischen Glaubenssystem und ihr Höheres Selbst war motiviert dazu, sicherzustellen, dass sie eine Chance hat, ihre Lebensaufgabe zu erfüllen.

EIN HISTORISCHES GLAUBENSSYSTEM

Wenn du mit einem Klienten arbeitest und dieser anfängt, über eine andere Zeit und einen anderen Ort zu sprechen, hat er womöglich einen historischen Glaubenssatz, welcher mit der Situation zusammenhängt. Der Klient sagt womöglich Dinge wie: ‚Ich fürchte, die Menschen werden mich töten, wie sie es zuvor schon gemacht haben.' Dies ist eine Energie des Überlebensselbst, die den Überlebensteil der Historischen Glaubensebene erreicht. Die Historische Glaubensebene ist jedoch auch mit dem Gruppenbewusstsein verbunden. Deshalb kann der Glaubenssatz „Krankheiten sind unheilbar" ein Gruppenbewusstseinsglaubenssatz sein. Hier ein Beispiel dazu:

Vianna: ‚Woran würdest du gerne arbeiten?'

Klient: ‚Ich bin ein Diabetiker, aber ich benutze weder mein Insulin noch verändere ich meine Ernährung oder meinen Lebensstil, und ich weiß nicht, was nicht mit mir stimmt.'

Vianna: ‚Nun, was profitierst du davon, deine Medikamente nicht zu nehmen?'

Klient: ‚Wenn ich es nicht nehme, denke ich, dass es mir besser geht, denn Diabetes ist unheilbar und es kann niemals besser werden.'

Vianna: ‚Was profitierst du sonst noch davon, deine Medikamente nicht zu nehmen?'

Klient: ‚Ich versuche meinen Körper dazu zu bringen, sich selbst zu heilen.'

Vianna: ‚Okay, was dient dir das?'

Klient: ‚Solange ich an Diabetes leide, muss ich mich um mich selbst kümmern, daher habe ich einen Kampf, der in mir vorgeht.'

Vianna: ‚Was wirst du gegen diesen Kampf machen?'

Klient: ‚Ich vermute, ich muss mich auf die eine oder andere Weise um mich selbst kümmern.'

Wie beeinflussen die Aspekte diese Situation?

Das Überlebensselbst sagt: ‚Diabetes ist unheilbar', und ‚Ich möchte es nicht.'

Das Unterschwellige Selbst sagt: ‚Ich muss mich um mich selbst kümmern.' Die Belohnung für das Unterschwellige Selbst ist, solange der Klient Diabetes hat, muss er sich um sich selbst kümmern.

In dieser Situation sollten dem Klienten Downloads gegeben werden, um ihn zu lehren, wie er sich um sich selbst kümmern kann, wie beispielsweise „Ich weiß, wie ich lebe, ohne mich vollständig hilflos zu fühlen".

Für weitere Erklärungen in Bezug auf Glaubensarbeit beziehe dich auf das Buch *Graben nach Glaubenssätzen*.

Das Ego-Selbst

Wir brauchen unser Ego, um unsere Identität aufrecht-zuerhalten. Niemals sollten wir unserem Ego sagen, es solle weggehen, denn es ist unser Selbstbild, aber wir können es davon abhalten zu denken, dass es besser als alle anderen ist. Wie auch beim unterschwelligen Selbst ist das Ego weder gut noch schlecht. Sobald du dein unterschwelliges Selbst verstehst, wird es viel einfacher werden, die Einflüsse deines Ego-Selbst zu erkennen, welche sowohl positiv als auch negativ sein können.

Ich nenne ein negatives Ego *Egoismus*. Wenn sich Egoismus aus dem Unterbewusstsein ausdrückt, bietet er immer Ruhm und Geld auf Kosten anderer. Jemand, der im Egoismus feststeckt, sagt Dinge wie: „Du musst mich lieben", anstatt „Liebst du mich?"

Das Ego muss neu ausgerichtet werden, um Tugenden zu entwickeln. Tugenden geben dem Ego ein hohes Selbstwertgefühl. Tugenden helfen, dein Ego als Freund zu behalten, anstatt es in Egoismus umzuwandeln. Wenn das Ego auf positive Handlungen gerichtet ist, hast du die Kontrolle. Es wird Egoismus, wenn du vom Ego kontrolliert wirst.

Wenn du zum Beispiel anfängst Readings zu machen, bist du anfangs vielleicht unsicher und nervös, und fragst dich, ob du „es richtig wahrgenommen hast". Im ersten Reading sagt der Anwender dem Klienten Dinge, wie: ‚Ich sehe, etwas ist mit deiner Schulter nicht in Ordnung.' Der Klient bestätigt den Anwender und dies beginnt im Geist des Readers zu arbeiten. Aufgrund der Wahrheit dieser Aussage, macht der Anwender mehr Readings und "nimmt es immer und immer wieder richtig wahr". Durchflutet von Erfolg macht der Leser den Fehler, in die Falle des Egoismus zu tappen. Er vergisst den Schöpfer und fängt an Aussagen zu treffen wie: ‚Ich denke, du solltest das mit deinem Leben machen.' Der Leser fängt womöglich an zu denken, dass alles sich um ihn dreht und vergisst, dass die Readings ein miterschaffender Prozess sind. Solange du daran denkst, die Nachricht vom Schöpfer einfach weiterzuleiten, ist alles in Ordnung.

Vor vielen Jahren kam eine Frau in mein Geschäft, stellte sich selbst vor und verkündete, sie habe eine Botschaft des **Rates der Zwölf**. Ich sagte: ‚Okay, wie lautet die Botschaft?'

Sie sagte: ‚Der Rat der Zwölf sagte, du hättest eine großartige Arbeit geleistet, aber nun ist es an der Zeit, dass ich alles von dir übernehme.'

Würde der Rat der Zwölf ihr sagen, es sei ihre Aufgabe alles zu übernehmen? Unwahrscheinlich. Es gibt einen Rat der Zwölf für jede Seelenfamilie, also von welchem sprach sie? Offensichtlich wollte sie meine Klienten, meinen Laden und mein Geschäft. Ohne zu zögern, sagte ich ihr: ‚Es tut mir leid, aber der Schöpfer hat mir nichts dergleichen gesagt.‘

Dies ist ein gutes Beispiel für jemanden, dessen Ego-Selbst in Egoismus gefallen ist. Sie war nicht am channeln, obschon ich sicher bin, dass sie daran glaubte, was sie sagte, und ihr Egoismus dachte, sie könne mich überzeugen.

In meinen Aufbauseminaren unterrichte ich eine Übung, um das Höhere Selbst einer anderen Person zu erfahren. Ein Student ist der Klient und die andere Person ist der Anwender. Der Klient gibt dem Anwender eine Serie von Fragen, gerichtet an das Höhere Selbst. Unter Verwendung der Straßenkarten-Meditation (siehe Einführung, Seite 14) verbindet sich der Anwender mit dem Höheren Selbst des Klienten und handelt als Vermittler für Fragen und Antworten.

Als zwei meiner Studenten diese Übung machten, fragte eine Dame in der Rolle des Klienten ihr Höheres Selbst, weshalb sie ihren Seelenpartner nicht finden könne und was sie machen müsse, um ihn schneller zu finden. Angeblich mit dem Höheren Selbst sprechend antwortete der Anwender, ‚Dein Höheres Selbst sagt, du musst deine Haare blond färben!‘

Diese Antwort verärgerte die Dame, die der Klient war, und sie kam weinend zu mir und fragte mich: ‚Möchte mein Höheres Selbst wirklich, dass ich meine Haare blond färbe?‘

Ich sagte ihr: ‚Natürlich nicht. Sorge dich nicht darüber.‘

Denkst du wirklich, das Höhere Selbst der Dame würde ihr das sagen? Wird ihr Seelenpartner schneller in ihrem Leben sein, wenn sie blond wird? Ich denke nicht. Dennoch fragte ich ihr Höheres Selbst einfach, um sicher zu sein – und es hatte nichts über ihre Haare gesagt.

Kannst du erraten was für eine Haarfarbe die Anwenderin hatte? Richtig, sie war blond. Die Anwenderin sprach aus ihrem eigenen Egoismus und ihren eigenen Erfahrungen. Sie wollte womöglich der dunkelhaarigen wirklich helfen, wurde aber offensichtlich durch ihr Ego beeinflusst. Die Frage die dem Höheren Selbst hätte gestellt werden sollen, wäre: ‚Ist sie bereit für ihren Seelenpartner?‘ Unabhängig davon war es dennoch die Verantwortlichkeit der Frau, die das Reading bekam, hochzugehen und festzustellen, ob die Anwenderin richtig lag.

Das Höhere Selbst

Das Höhere Selbst hält alles in Perspektive. Solange du deine höchsten Aspekte umarmst, wirst du bessere Antworten vom Universum erhalten. Die meiste Zeit handeln wir durch einen oder mehr Aspekte des Überlebens-, des unterschwelligen oder Ego-Selbst, anstatt durch das Höhere Selbst.

Deine unterbewussten Aspekte sind mit deinem höheren Selbst verbunden und dein höheres Selbst verbindet sich mit deiner Seele. Aber das Höhere Selbst muss dennoch zum Schöpfer hoch gehen für die höchste Antwort und muss alle Aspekte ausgleichen. Wir brauchen unser höheres Selbst für das Wachstum unserer Seele.

Das Ziel ist es, dein Höheres Selbst mehr von deinem Leben steuern zu lassen. Je mehr du deinen höheren Aspekten erlaubst, in deinen Raum zu kommen, desto mehr Tugenden wirst du haben und desto mehr kannst du durch dein Höheres Selbst zum Schöpfer gehen. Anders als die Aspekte der ersten drei Ebenen, *weiß* es, dass es Teil des Schöpfers ist.

Die Glaubenssysteme des Höheren Selbst sind:

- „Ich kann wachsen."

- „Ich kann lernen."

- „Wir sind Teil des Schöpfers."

Einige Botschaften des Schöpfers wären:

- „Wir sind alle Teil des Schöpfers."

- „Wir sind alle Atome."

- „Wir sind alle Teil der Lebenskraft."

- „Wir sind alle geliebt."

- „Uns ist es erlaubt, uns mit dieser Energie zu verbinden."

Das Höhere Selbst sagt: ‚Ich kann lernen', aber der Schöpfer würde uns aus dieser Energie von ich, ich, ich herausziehen und sagen: ‚Wir können alle lernen.'

Die Seele

Wir leben im Lebenserhaltungssystem des Körpers, welches dreidimensional funktioniert. Das Höhere Selbst arbeitet aus dem Bewusstsein der Dritten-Ebene in Verbindung mit den höheren Aspekten der Seele. Die Seele hingegen arbeitet multidimensional und ist nicht vollständig auf den Körper beschränkt, da es eine Konfiguration aller verschiedenen Ebenen und Aspekten ist. Schicksal ist die Verkörperung des Verlangens der Seele zu wachsen. Die Seele glaubt, sobald etwas verändert wurde, sind die Ergebnisse augenblicklich.

ASPEKTE DER GRABENS-ARBEIT

Es ist wichtig zu verstehen, dass wenn wir Glaubensarbeit machen, wir an allen Aspekten der Glaubensebenen arbeiten. Jedoch ist es wichtig zu erkennen, welche Aspekte in den Ebenen am Arbeiten sind und wie sehr sie unser Leben auf unterbewusster Ebene beeinflussen.

Das Bewusstsein, dass deine inneren Aspekte womöglich eine Glaubensarbeitssitzung *beeinflussen*, verändert nicht, wie du die Glaubensarbeit *nutzt*. Der Anwender arbeitet noch immer auf den vier Glaubensebenen – der Kern-, genetischen, historischen und Seelenebene. Wir bitten noch immer, dass Glaubenssätze entlassen und ersetze werden. Wir machen noch immer die Graben-Arbeit auf dieselbe Weise – wir stellen dieselben grundlegenden Fragen in der Glaubensarbeit. Noch immer gehst du zuerst zum Schöpfer, bevor du Glaubensarbeit machst, um nach Antworten zu fragen und auch nach den richtigen Downloads. Was wir hier einführen, ist mehr Wissen über uns selbst und wie wir den Unterschied zwischen dem Schöpfer und anderen Einflüssen erkennen können. Diese Erkenntnis kann dir helfen zu heilen.

Wenn du zum Beispiel zum Schöpfer gehst und eine reine Antwort hörst wie: ‚Du bist Teil von Allem was Ist‘, flüstert der Überlebensteil deines Gehirns womöglich: ‚Nein, ich bin nicht würdig, ein Teil von Allem was Ist zu sein.‘ Offensichtlich kommt diese Stimme nicht aus der höchsten Ebene, denn du hast gesunden Menschenverstand. Trotzdem weißt du ebenfalls, dass es Zeit wird, an diesem Glaubenssatz zu arbeiten.

Dein Unterschwelliges Selbst wird diese Antwort des Schöpfers auf ganz andere Weise wahrnehmen, ebenso wie dein Ego. Sind diese Aspekte im Gleichgewicht, dann werden sie die Antwort auf höchste und beste Weise akzeptieren. Sind sie aus dem Gleichgewicht, wird die Interpretation ungleich sein.

ASPEKT-GRABEN

Wenn du deine Verbindung mit dem Schöpfer in einer Glaubensarbeitssitzung nutzt, brauchst du halb so viel Zeit, da der Schöpfer dir die Antworten einfach zeigt. In dieser Übung gibt der Reader vor, sowohl der Anwender als auch der Klient zu sein, mit dem Fokus das Überlebensselbst, das unterschwellige Selbst, das Ego-Selbst und das Höhere Selbst zu erkennen.

1. Beginne die Sitzung, denke an ein Problem, welches du in deinem Leben hast.

2. Sobald du identifiziert hast, an was du arbeiten möchtest, gehe hoch auf die Siebte Ebene. Nutze die Meditation (siehe Einleitung, Seite 14).

3. Nun, da du auf der Siebten Ebene bist, frage den Schöpfer: ‚Wo hat das begonnen? Wo hat dieses Gefühl seinen Ursprung?‘ (Diese Frage ist an den Schöpfer gerichtet, um das Überlebensselbst aufzu-decken.) Durch die Antwort wird der Leser das Überlebensselbst erkennen und was es macht.

4. Nun gehe zurück auf die Siebte Ebene mit der Meditation. Nun, da du auf der Siebten Ebene bist, frage den Schöpfer: ‚Was profitiere ich davon? Wie motiviert mich das? Zeig es mir.‘ Durch diese Antwort erkennt der Klient das Unterschwellige Selbst und was es macht. (Denke daran, der Schöpfer hat immer eine liebevolle Energie.)

5. Als nächstes kommst du durch die Meditation auf die Siebte Ebene zurück. Nun da du auf der Siebten Ebene bist, frage den Schöpfer: ‚Was erschafft mein

Ego? Was erreiche ich dadurch? Zeig es mir.' Durch diese Antwort erkennt der Leser das Ego-Selbst und was dieses macht.

Notiz: Wenn du fragst: ‚Wie beeinflusst mich das?' spricht das Ego-Selbst.

6. Nun gehe mit der Meditation auf die Siebte Ebene zurück. Nun, da du auf der Siebten Ebene bist, frage den Schöpfer: ‚Was lernt mein Höheres Selbst daraus? Zeig es mir.' Durch diese Antwort erkennt der Reader das Höhere Selbst und was es macht.

Notiz: Der Anwender sollte die Glaubensarbeit so lange weiterführen, bis die Motivation von jedem Aspekt offensichtlich wird, während er immer zum Schöpfer geht für die höchsten Antworten.

7. Gehe mit der Meditation zurück auf die Siebte Ebene. Nun da du auf der Siebten Ebene bist, frage den Schöpfer: ‚Was möchtest du, dass ich lerne? Zeig mir die Perspektive des Schöpfers.' Durch diese Antwort erkennt der Klient den Schöpfer. Dies wäre eine reine, gechannelte Botschaft. Nun sollte der Leser den Schöpfer fragen, ob er noch etwas weiteres aus der Erfahrung lernt, was für Downloads gebraucht werden und was gewechselt und verändert werden sollte.

Notiz: Wenn du fragst: ‚Schöpfer, was mache ich?', verbindest du dich mit der universellen Energie.

8. Vertraust du dem Schöpfer dir mit diesen Themen zu helfen? Gehe hoch und frage den Schöpfer, ob du dem Schöpfer vertraust.

9. Frage den Schöpfer: ‚Ist das abgeschlossen?'

Nachdem du diese Übung zum ersten Mal angewendet hast, wirst du anfangen, die Einflüsse der Aspekte in deinem täglichen Leben zu erkennen. Ein **Schlafzyklus** wird deinem Bewusstsein eine bessere Vorstellung von dem, was mit dem Unterbewusstsein vor sich geht, geben und es wird einfacher sein zu erkennen, was in den vier Aspekten des Überlebens-, unterschwelligen, Ego-, und Höheren Selbst passiert.

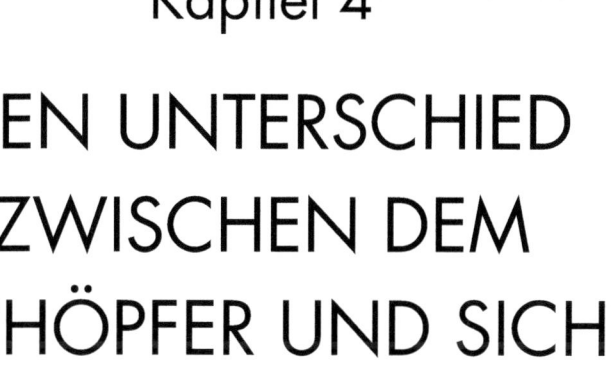

Kapitel 4

DEN UNTERSCHIED ZWISCHEN DEM SCHÖPFER UND SICH SELBST KENNEN

Sobald du weißt, wie du alle Aspekte in deinem Geist erkennen kannst, ist es einfach, deine Intuition und die Botschaften, die du empfängst, zu verstehen.

Denke daran, es gibt immer zwei Konversationen, die in deinem Kopf stattfinden. Das ist normal, also denke nicht, dass es eine psychische Krankheit ist. Wenn du anfängst mit deinem Überlebens-, unterschwelligen und Ego-Selbst zu sprechen, könntest du feststellen, dass du allerlei Einflüsse in deinem Kopf hast.

Wichtig ist es zu fragen:

- ‚Was für ein Teil von mir ist das?‘

- ‚Wie fühlt es sich an, sich mit dem Schöpfer zu unterhalten? Ist dies die reine Energie von Intelligenz und perfekter Liebe.‘

Es ist nicht ungewöhnlich, viele Antworten zu bekommen, wenn du hochgehst und dich mit dem Schöpfer verbindest.

Wenn du zum Schöpfer hochgehst, frage nach der höchsten Wahrheit, die dein erleuchtetes Höheres Selbst erhalten würde, wenn es mit dem Schöpfer spricht. Hochzugehen und nach der höchsten Wahrheit zu fragen, wird dir helfen, bessere Antworten zu bekommen. Solltest du unsicher sein, ob die Antwort richtig ist, frage weiter nach der „Höchsten Antwort" bis du weißt, dass es die intelligenteste, liebevollste Antwort ist.

Angst kann dich von der höchsten Wahrheit abhalten. Die Antwort des Schöpfers ist immer die intelligenteste, liebevollste Antwort und ist nie mit Angst oder Egoismus verbunden.

SICH DER ANTWORT BEWUSST SEIN

Wenn du wirklich wissen möchtest, was in deinem Kopf vor sich geht, sei dir der Antworten, welche du auf deine Fragen an den Schöpfer erhältst, bewusst.

Ein gutes Beispiel dafür ist die Studentin, die dachte, ich würde sie nicht mögen, da ich nicht angehalten habe, um sie zu umarmen. Beleidigt und verletzt schrieb sie mir eine Text-Nachricht und sagte: ‚Ich habe den Schöpfer gefragt, warum du mich nicht magst und mir wurde gesagt, „Es ist egal, es ist das Problem deines Lehrers. Jeder, dem du vertraust, verletzt dich sowieso".'

Offensichtlich kam diese Antwort nicht vom Schöpfer, denn ich mochte sie sehr, daher schrieb ich ihr zurück und sagte, sie solle erneut hochgehen und dieselbe Frage nochmals stellen. Als sie dies machte, antwortete sie, sie habe folgende Antwort erhalten: ‚Solange ich Distanz wahre, bin ich sicher. Ich kann mich nur auf mich selbst verlassen.'

Dies war eine klassische Antwort ihres unterschwelligen Selbst. Dann schrieb ich ihr: ‚Warum glaubst du das? Was nützt es dir diesen Glaubenssatz zu haben? Denkst du das wirklich?

Sie schrieb zurück: ‚Ja, das glaube ich.'

Dann fragte ich sie: ‚Warum fühlst du dich so? Sobald du weißt, weshalb du dieses Gefühl hast, gehe nochmals hoch zum Schöpfer.

Sie schrieb zurück und sagte: ‚Ich bin sowieso besser als du. Ich werde etwas eigenes erschaffen.‘

Dies war offensichtlich ihr Egoismus, der zu ihr sprach und die ganze Interaktion von Anfang bis Ende war wie folgt:

Zuerst sagte ich ihr sanft, dass ich sie mag und sie sehr besonders ist. Dann sagte ich, sie solle dem Schöpfer die Frage stellen:

Frage: ‚Warum mag mein Lehrer mich nicht?‘

Überlebensselbst: ‚Es spielt keine Rolle, es ist das Problem meines Lehrers. Jeder, dem ich vertraue, verletzt mich sowieso.‘

Frage: ‚Warum mag mein Lehrer mich nicht?‘

Unterschwelliges Selbst: ‚Solange ich meine Distanz wahre, bin ich sicher. Ich kann nur auf mich selbst verlassen.‘

Dies kommt daher, da das Überlebensselbst glaubt, dass jeder, dem diese Person vertraut, sie sowieso verletzt.

Frage: ‚Warum mag mein Lehrer mich nicht? Wie motiviert mich das?‘

Negatives Ego: ‚Ich bin sowieso besser als mein Lehrer. Ich werde etwas eigenes erschaffen.‘

Diese Antwort durch das negative Ego kommt daher, dass das Überlebensselbst glaubt, dass jeder, dem die Person vertraut, sie verletzt und das unterschwellige Selbst versucht, dieses Problem zu lösen.

Diese Antworten bedeuten, dass der Student in seinem eigenen Raum ist und nicht mit dem Schöpfer spricht. Ich stellte fest, dass dies ein ziemlich häufiges Szenario war, da es immer jemanden gibt, der die Erfahrung gemacht hat, dass seine Gefühle durch einen Lehrer verletzt wurden, und darum schreckliche Angst hat jemandem zu vertrauen. Jedes Mal ermutigte ich sie nochmal nach der höchsten Antwort zu fragen.

Frage: ‚Warum mag mich mein Lehrer nicht? Was lerne ich daraus?‘

Höheres Selbst: ‚Mein Lehrer liebt seine Studenten. Was versucht er mir beizubringen, Schöpfer?‘

Schließlich entdeckte sie die wahre Antwort.

Frage: ‚Warum mag mich mein Lehrer nicht?‘

Der Schöpfer würde mit Liebe und Wahrheit antworten.

Der Schöpfer: ‚Dein Lehrer ist müde. Was kannst du für sie tun? Was kannst du von ihr lernen? Sie hat dein Leben wahrhaftig gesegnet.‘

Der Schöpfer würde dich aus dem Raum herausziehen, in dem es um dich geht, und dir die Antwort von einem Ort der vollkommenen Liebe zeigen. Der Schöpfer antwortet immer von diesem Ort aus, was bedeutet, dass viele der Botschaften welche ThetaHealing-Anwender und -Lehrer gegeben werden durch die inneren Aspekte beeinflusst werden, anstatt durch den Schöpfer. Einer der Gründe, warum wir hochgehen und uns mit dem Schöpfer verbinden, ist, dass wir nicht in die Einflüsse unseres Gehirns verwickelt werden. Wenn die Kommunikation einen Rest von Angst enthält, stammt die Antwort nicht vom Schöpfer.

Wenn du hochgehst und mit dem Schöpfer sprichst, nutze folgende Richtlinien:

- Frage weiter, bis du die höchste Antwort erhältst.

- Du musst dich durch deinen Geist navigieren. Die höchste Antwort ist möglicherweise nicht die erste. Sie wird jedoch die klarste, höchste, am wenigsten egoistische und freundlichste Antwort sein. Sie wird dein Herz erwärmen. Was würde die höchste Intelligenz und Liebe zu dir sagen?

- Gesunder Menschenverstand ist wichtig. Lasse dein Bewusstsein die Entscheidung treffen und frage: ‚Ist das die Antwort, die der Schöpfer mir geben würde?‘

- Es ist die falsche Stimme, wenn sie negativ ist. Höre ihr nicht zu. Jedes Mal wenn sie Dinge sagt wie ‚Du kannst keine Heilung machen‘, oder ‚Du bist nicht gut genug‘, ist es die falsche Energie.

- Das Unterbewusstsein löst Probleme der Vergangenheit mit dem Unterschwelligen Selbst. Manchmal überkorrigiert es und braucht das Bewusstsein, um neu ausgerichtet zu werden. Du solltest deine wahre Motivation in Bezug auf dein Unterschwelliges Selbst verstehen, sonst kann es dich gefangen halten.

Wir brauchen alle Aspekte, müssen sie jedoch im Gleichgewicht halten. Wenn du hoch gehst und siehst, was in deinem Leben läuft, ist deine Aufgabe die Dinge im Unterbewusstsein bewusst auszugleichen.

DOWNLOADS

Die folgenden Downloads können dir helfen dein Unterbewusstsein besser zu verstehen.

- Ich weiß, wie ich mich selbst verstehe.

- Ich bin bereit, mein Unterbewusstsein zu verstehen.

- Ich weiß, wie ich mein Bewusstsein, mein Unterbewusstsein steuern lasse.

- Ich weiß, wie ich mein Überlebensselbst verstehe.

- Ich weiß, wie ich mein unterschwelliges Selbst verstehe.

- Ich weiß, wie ich mein Ego-Selbst verstehe.

- Ich weiß, wie ich mein Höheres Selbst verstehe.

- Ich weiß, wie es sich anfühlt, wenn meine Aspekte zusammenarbeiten.

- Ich weiß, wie ich dem Schöpfer erlaube durch mich zu unterrichten.

- Ich weiß, wie es sich anfühlt, Weisheit zu mir fließen zu lassen.

- Ich weiß, wie ich anderen Liebe und Aufmerksamkeit schenke, da sie vom Schöpfer kommen.

- Ich weiß, wie ich dem Schöpfer vertraue.

•••

Kapitel 5

BOTSCHAFTEN VOM SCHÖPFER VERSTEHEN

Wenn du in Harmonie mit der Schöpfung bist, wirst du Botschaften vom Universum erhalten, jedoch nur wenn du aufmerksam bist. Als Übersinnlicher wirst du Botschaften auf verschiedenste Weise erhalten. Es kann sein, dass du durch die Worte in einem Lied inspiriert wirst, wenn du es am meisten brauchst. Einige Menschen erhalten Botschaften in ihren Träumen, normalerweise in den frühen Morgenstunden (1–3 Uhr). Es ist nicht ungewöhnlich aufzuwachen und zu denken: ‚Ich kann mich nicht an alles aus dem Traum erinnern, aber ich weiß, dass die Botschaft sehr wichtig war. Was ist passiert?‘

Keine Angst, du wirst den Traum immer wieder haben, bist du dich daran erinnern kannst. Das ist normal. Wenn du schlafen gehst und das Gefühl hast, dass Leute an dir arbeiten, ist das auch normal. Alles, was du in Bezug auf Nachtarbeit wissen musst, ist, dass du okay bist. Wenn du jedoch wach bist und glaubst, dass dein Fernseher mit dir spricht und dich auffordert, du sollst deinen Küchenboden schrubben, dann musst du dir womöglich sorgen machen und deine geistige Gesundheit in Frage stellen.

Wir alle empfangen göttliche Inspiration, wenn wir offen dafür sind, sie zu hören. Eine der Botschaften, die einige Menschen bekommen, ist, dass wir alle Teil des Schöpfers sind. Obwohl dies eine gute Botschaft ist, hängt es immer noch davon ab, wie sie interpretiert wird. Ist jemand im Überlebensmodus, könnte es sein, dass dies Überlebens-Glaubenssätze auf genetischer Ebene hochbringt. Einige dieser Glaubenssätze könnten sein „Es ist falsch zu denken, dass wir alle Teil des Schöpfers sind" oder „Ich könnte getötet werden" aus Sicht der historischen Ebene. Der Unterschwellige Glaubenssatz könnte sein: „Ich bin nicht gut genug, um ein Teil des Schöpfers zu sein". Das Ego-Selbst würde sagen: ‚der Schöpfer bin ich, Ich bin der Schöpfer. Ich bin der aller wichtigste verehre mich. Ich bin besser als alle anderen. Ich werde es beweisen, dass ich besser als alle anderen bin. Ich werde es allen zeigen!' Die Botschaft sollte jedoch in Wirklichkeit lauten: ‚Wir sind alle Teil der Energie, die sich in allen Dingen bewegt. Du bist ein Teil des Ganzen.'

Beispiel Botschaft: ‚Du bist Teil des Schöpfers.'

Überlebensselbst: ‚Es ist falsch zu denken, dass ich ein Teil des Schöpfers bin. Ich könnte getötet werden.'

Unterschwelliges Selbst: ‚Ich bin nicht gut genug, um Teil des Super-Bewusstseins des Schöpfers zu sein. Ich muss gefürchtet sein, oder ich muss mich verstecken, damit mich niemand wirklich sieht.'

Egoismus: ‚Der Schöpfer bin ich, Ich bin der Schöpfer. Ich bin den wichtigste, verehre mich. Ich bin besser als alle anderen. Ich werde es beweisen, dass ich besser als alle anderen bin. Ich werde es ihnen zeigen, ich erschaffe etwas. Ich bin gleichgut wie sie!'

Höheres Selbst: Die Seele sagt: ‚Ich kann einen Unterschied machen. Ich kann lernen, ich kann wachsen und jedem helfen, dem ich helfen kann. Wir sind alle ein Teil Gottes.'

Der Schöpfer würde mit Liebe und Wahrheit antworten, wie zum Beispiel: ‚Wir sind alle verbunden mit der Energie von Allem was Ist. Wir sind alle Atome, wir sind ein Teil der Lebenskraft. Wir alle sind geliebt und dürfen uns mit dieser Energie verbinden.‘ Der Schöpfer würde dich aus deinem Raum herausziehen, in dem es nur um dich selbst geht, und dir die Antwort mit Liebe zeigen.

Möglicherweise bekommst du die Botschaft, dass du mit einem berühmten Filmstar arbeiten wirst, dein Ego sagt jedoch: ‚Nein, es ist zu eingebildet zu denken, dass ich mit jemand so wichtigem arbeiten könnte.‘ Offensichtlich mangelt es hier deinem Ego an Selbstvertrauen und du missachtest die Botschaft, da du dachtest, du seist nicht wertvoll genug. Du hast vielleicht eine Möglichkeit gestoppt, jemandem zu helfen, der es gebraucht hätte. Schließlich haben Filmstars, wie alle anderen, einige seltsame, coole, unterhaltsame Herausforderungen zu bearbeiten.

In Bezug auf das Ego-Selbst gibt es einen Unterschied zwischen Selbstbewusstsein und Ichbezogenheit. Es gibt einen Unterschied zwischen in sich selbst zentriert sein und nur an sich selbst zu denken. Wir sollten uns selbst lieben, ohne ichbezogen zu sein, andere lieben, einen Lebenspartner lieben und den Schöpfer lieben. Um ausgeglichen zu sein, solltest du dich selbst zu 40 Prozent und alle anderen zu 60 Prozent lieben. Dieses Liebes-Thema ist knifflig, aber notwendig, um klare Antworten zu bekommen.

Mit welchem Selbst bist du verbunden, wenn du eine Botschaft in deinem Geist bekommst? Wenn du beispielsweise eine Reise unternehmen würdest, um ThetaHealing zu unterrichten, und du bekommst eine Botschaft die lautet: ‚Mit dem Flugzeug stimmt etwas nicht‘, ist dies wahrscheinlich dein Überlebensselbst, da die Botschaft sich um Angst dreht.

Dein Unterschwelliges Selbst würde dich auf eine andere Weise von der Reise abhalten. Es würde anfangen zu hinterfragen, warum du überhaupt auf diese Reise gehen solltest, und würde versuchen einen Weg zu finden, dass du gar nicht erst gehen musst.

Da dein unterschwelliges Selbst weiß, dass du früher schon vermieden hast, irgendwo hinzugehen, indem du krank wurdest, wirst du womöglich kurz bevor du fliegen musst, krank werden. Dein negatives Ego würde dir Dinge sagen, wie: ‚Ich werde großartig sein, ich werde von der Klasse, die ich unterrichte, verehrt werden.‘ Dein Höheres Selbst würde sagten: ‚Du wirst auf deiner Reise sicher sein, und dies ist Teil deines Divine Timing – deinem göttlichen Zeitplan.‘ Wenn die Botschaft vom Schöpfer kommen würde, hätte sie weder Angst noch Ego. Die Botschaft wäre etwas wie ‚Entspanne dich. Alles wird gut sein.‘

Dein Höheres Selbst ist sehr kompetent, da es mit deiner Seele verbunden ist. Deine Seele ist ein Teil von Gott, dem Schöpfer, aber es gibt nichts Schöneres, als direkt zum universellen Geist zu gehen, der alle existierenden Dinge belebt und verbindet.

Ich hatte einmal eine Klientin mit einem Problem. Sie konnte nicht verstehen, warum sie das Essen beim Kochen immer wieder verbrannte. Fünf Jahre lang wusste sie nicht, warum sie das Abendessen ihres Ehemanns verbrannte, bis sie hoch ging und sich mit dem Schöpfer verbunden hat und fragte: ‚Wann hat das angefangen? Warum verbrenne ich sein Essen? Bin ich immer noch wütend auf ihn?‘

Der Schöpfer sagte zu ihr: ‚Es fing an, als er deine Gefühle verletzt hat. Er wird angebranntes Essen bekommen, bis du ihm vergibst. Du bist immer noch wütend auf ihn. Sobald deine Wut abgeschlossen ist, kannst du weitergehen.‘

Ein Teil ihres Gehirns versuchte noch immer, das Problem zu lösen, indem sie sein Essen anbrennen ließ. Sie dachte für sich: ‚Es wäre schön kein angebranntes Essen mehr essen zu müssen. Vielleicht sollte ich ihm vergeben.'

Dieser Frau kam nie der Gedanke, dass sie das Essen ihres Mannes anbrennen ließ, weil ihr Unterbewusstsein noch keine Vergebung erreicht hat.

•••

Kapitel 6

INTUITIVE BOTSCHAFTEN VOM SCHÖPFER

Es braucht gutes Urteilsvermögen, um eine reine Information vom Schöpfer zu erhalten. Es ist das Urteilsvermögen, wie du zuhörst und die Informationen annimmst und verwendest, sobald du die Botschaft erhalten hast. Dies erfordert Vertrauen in die Botschaften des Schöpfers. Sobald du weißt, wie du die Information nutzen kannst, ist es wichtig zu handeln, wie die nachfolgende Geschichte meiner Vergangenheit verdeutlicht.

CHARLIE'S RESTAURANT

Als ich mit meinem Geschäft angefangen hatte, hatte ich eine Erfahrung, welche mich lehrte zuzuhören, wenn ich eine Botschaft des Schöpfers bekam. Eines Abends arbeitete ich in meinem kleinen Laden und war bereit, nach Hause zu gehen. Ich machte alle Lichter aus und dann hörte ich den Schöpfer sagen: ‚Du kannst nicht gehen. Setze dich und sei ruhig.'

Ich antwortete: ‚Oh nein, mir geht es gut.'

Der Schöpfer sagte jedoch: ‚Setz dich hin. Draußen besteht Gefahr.'

Also setzte ich mich und wartete eine Stunde.

Dann hörte ich: ‚Alles ist okay. Geh nach Hause.‘

Die Botschaften hatten eine so starke Energie, dass ich keinen Zweifel hatte, darauf zu hören.

Am nächsten Tag war ich in meinem Büro und hatte einen Klienten für eine Massage. Plötzlich klopfte die Feuerwehr an meine Tür. Ich öffnete und der Feuerwehrmann sagte: ‚Wir müssen das Gebäude evakuieren, es ist eine Bombe im Gebäude!‘

Zu der Zeit dachte ich, das ist lächerlich, weil in Idaho niemand Bomben bauen würde, insbesondere nicht in der kleinen Stadt Idaho Falls. Nichtsdestotrotz ließ ich meinen Klienten aufstehen und wir gingen nach draußen, um herauszufinden, was los war.

Im Gebäude befanden sich ein Restaurant, ein Schönheitssalon, ein metaphysischer Laden und mein Büro im hinteren Bereich des Ladens. Das Restaurant hieß Charlie's Restaurant. An diesem Tag rochen die Besitzer des Schönheitssalons Benzin und riefen die Feuerwehr, die feststellte, dass auf dem Dach des Gebäudes eine Bombe gebaut worden war. Sie haben die Bombe entschärft und riefen die Polizei, welche den Fall untersuchten und Charlie verhafteten, der schlussendlich ins Gefängnis kam.

Anscheinend verlor Charlie Geld und wollte das Versicherungsgeld im Brandfall. Am Vorabend, als Charlie glaubte, alle seien nach Hause gegangen, schaffte Charlie große Benzinfässer auf das Dach des Gebäudes, und schloss einen provisorischen Zünder und einen Timer an, um das Gebäude am nächsten Abend, wenn alle nach Hause gegangen waren, in die Luft zu jagen. Wenn ich in dieser Nacht hinausgegangen wäre, wäre ich direkt in sein Bomben-Bau-Fiasko hineingelaufen. Wichtig war, dass ich auf die

Botschaft dieser Stimme hörte und dies war eine gute Lektion für mich.

INTUITIVE ANATOMIE IN NEUSEELAND

Ich habe einmal in Roturua, Neuseeland, eine Intuitive Anatomieklasse für eine Gruppe eingeborener Maoris und weitere Neuseeländer unterrichtet. Wir übernachteten in einem Hotelzimmer im ersten Stockwerk mit Schiebetüren nach draußen.

Eines Nachts wurde mir gesagt, dass ich in ein anderes Zimmer im Hotel wechseln solle. Die Botschaft war klar: ,Wechsle dein Zimmer oder du wirst ausgeraubt.'

Ich sagte Guy, dass wir in ein anderes Zimmer ziehen müssen. Irritiert sagte er, dass er das nicht wolle. An diesem Tag gab es einen Rohrbruch in unserem Zimmer und das Hotel gab uns ein neues Zimmer, ein Stockwerk höher.

Guy lachte und sagte: ,Du hast dich schlussendlich doch noch durchgesetzt!'

Am nächsten Abend wurden alle Gäste auf der ersten Etage ausgeraubt, als sie beim Abendessen waren und unser Gastgeber war eine dieser Personen, was mich sehr traurig machte.

HURRIKAN SANDY

Als ich ein Seminar im Hinterland von New York unterrichtete, hörte ich von einem Hurrikan namens Sandy, der sich im Atlantik entwickelt hatte und in Richtung Küste wirbelte. Ich hatte gerade das Seminar abgeschlossen und war auf dem Weg zurück nach New York City, um nach Hause zu fliegen. Eigentlich wollte ich meinen Flug um ein paar Tage verschieben, um meiner Tochter Brandy New York City zu zeigen. Jedoch wurde mir vom Schöpfer gesagt, dass ich fliegen solle, um dem Sturm zu entgehen, und damals hatte ich bereits gelernt zuzuhören.

Zu diesem Seminar kamen viele meiner Eventkoordinatoren aus verschiedenen Ländern. Ich sagte ihnen allen, sie sollten früher nachhause fliegen und glücklicherweise hörten sie auf mich. Mein Freund, der in New York City lebt, fing jedoch an, mit mir zu diskutieren. Er sagte: ‚Diese Stürme bedrohen New York City immer wieder, aber sie treffen niemals ein und dieser wird es auch nicht tun.‘ Er sagte allen, dass ich aus einer Energie der Angst handle und sie nicht auf mich hören sollen, aber meine anderen Koordinatoren wussten es besser.

Wir alle haben frühere Flüge genommen und haben es geschafft, loszufliegen bevor der Sturm eingetroffen ist. Eine Stunde nachdem der letzte Koordinator abgeflogen ist, schloss der Flughafen wegen des Sturms und niemand konnte die Stadt mehr verlassen.

Zum ersten Mal seit langem wurde Manhattan durch einen Hurrikan getroffen, der großen Schaden anrichtete. Wäre ich geblieben, hätte ich mehrere Tage Verspätung gehabt. Der Hurrikan Sandy erzwang die Annullierung von 9.250 Flügen, lies 810.000 Passagiere gestrandet und verursachte in 24 Staaten über fünfzig Milliarden Dollar Schaden. Am schlimmsten betroffen waren die Küste von New Jersey bis nach Long Island. In New York City schloss der Sturm U-Bahn-Stationen, verursachte Brände und schloss die New Yorker Börse. Sandy hat mehrere Flughäfen und Bahnhöfe im Nordosten geschlossen. Der Regen, Schnee und Wind von Sandy löste für über acht Millionen Menschen Stromausfälle aus, von der Atlantikküste bis zu den grossen Seen und einige Häuser in New York und New Jersey waren noch Wochen nach dem Sturm ohne Strom. Der Hurrikan Sandy forderte das Leben von 147 Personen.

Die Moral dieser Geschichten? Du musst fähig sein, dem Schöpfer zuzuhören und angemessen zu handeln.

VERBESSERN DER KOMMUNIKATION MIT DEM SCHÖPFER

Die nachfolgenden Anwendungen helfen dir, das Kronenchakra zu öffnen, um deine Kommunikation mit dem Schöpfer zu verbessern:

- Du solltest die ganze Zeit Energie haben, die in dein Kronenchakra fliesst, damit eine ständige Kommunikation mit dem Schöpfer besteht.

- Sammle Energie in deinem Körper und drücke sie sanft gegen das Kronenchakra. Wenn nötig mache den Prozess mehrere Male. Dies hat wenig damit zu tun, deine Augen zu verdrehen oder sich anzustrengen. Es ist nicht die Art Druck, wie wenn du auf die Toilette gehst. Stelle dir einfach einen sanften Druck nach oben vor.

- Violette Lichttherapie hilft, das Kronenchakra zu öffnen und eine Verbindung herzustellen. Wenn du dich unter violettes Licht legst, kann dies deinen Fokus für Telefon-Readings verbessern.

- Infrarote Lichttherapie hilft, den Körper zu entgiften und den Geist zu fokussieren. Es hilft, Sauerstoff in die Zellen zu bringen und die Hormone auszugleichen.

- Sollte die Antwort des Schöpfers negativ oder voller Angst sein, brich ab und gehe höher. Die Energie des Schöpfers ist die perfekte, reine Energie von Liebe und Intelligenz. Wenn du hoch gehst und eine Antwort bekommst, die sich nicht so anfühlt, als stamme sie von einem Ort der Reinheit, dann solltest du dir vorstellen, dass du höher gehst und fragst: ‚Was ist die höchste Antwort?‘ Wenn du damit beginnst, wirst du feststellen, dass du durch die Schichten der Ebenen der Existenz hoch zur Siebten Ebene gehst.

• Wenn du klare Botschaften vom Schöpfer erhalten möchtest, solltest du dir selbst einige Fragen stellen, um dich besser kennenzulernen. Der nächste Schritt ist die Selbstarbeit mit dem Schöpfer. Der beste Weg, an sich selbst zu arbeiten, ist, zum Schöpfer zu gehen und zu fragen: ‚Wann hat dieses Problem angefangen? Was profitiere ich davon? Was lerne ich daraus?‘

• Sollte die Botschaft nicht die liebevollste, entwickeltste Energie sein, dann ist es höchstwahrscheinlich nicht der Schöpfer.

• Die Klarheit der Botschaft, die du erhältst, hängt davon ab, wie viel du übst, dich mit dem Schöpfer zu verbinden.

ASPEKT-GLAUBENSARBEIT MIT EINER ANDEREN PERSON

Es ist wichtig, die Fähigkeit zu entwickeln, Glaubensarbeit mit dem Schöpfer zu machen. Ebenfalls ist es nützlich, jemand anderem bei der Glaubensarbeit mit dem Schöpfer zu helfen. Diese Übung hilft, eine Person daran zu gewöhnen, mit dem Schöpfer zu arbeiten und braucht zwei Personen: Eine Person ist der Klient und die andere der Anwender. Es ist wichtig Folgendes zu beachten:

1. Der Anwender bringt dem Klienten bei, sich mit dem Schöpfer zu verbinden, um mit den Aspekten zu arbeiten.

2. Der Anwender lässt den Klienten die Glaubensarbeitsfragen direkt für sich selbst beim Schöpfer stellen.

3. Der Anwender bittet den Klienten, sich mit der Siebten Ebene zu verbinden und jeder Frage direkt dem Schöpfer zu stellen.

4. Während der ganzen Übung bezeugt der Anwender psychisch was der Klient macht.

Hier ist ein Beispiel für den Dialog einer Aspekte-Glaubensarbeit mit einer Person:

Anwender: ‚Was für ein Problem gibt es aktuell in deinem Leben?‘

Klient: ‚Ich sabotiere immer meine Beziehungen mit Menschen, die ich liebe.‘

Nachdem der Anwender das Thema, an welchem der Klient arbeiten möchte, identifiziert hat, bittet der Anwender den Klienten zur Siebten Ebene hochzugehen, um dem Schöpfer folgende Frage zu stellen:

Anwender: ‚Ich möchte, dass du zum Schöpfer hoch gehst und herausfindest, wann das angefangen hat.‘

Der Klient geht auf die Siebte Ebene hoch und fragt den Schöpfer. Er bekommt folgende Antwort: ‚Es fing an, als ich ein Kind war.‘

Wenn der Klient die Antwort hat, fragt der Anwender den Klienten: ‚Was würdest du als nächstes machen? Was ist der nächste Schritt?'

Anwender: ‚Gehe hoch und frage den Schöpfer, was du davon profitierst. Wie dient es dir?'

Klient: ‚Der Schöpfer hat mir gesagt, wenn ich meine Beziehungen sabotiere, werde ich nie mehr von jemandem, den ich liebe, verletzt werden.'

Anwender: ‚Frage den Schöpfer, was du daraus lernst.'

Klient: ‚Der Schöpfer sagt mir, dass ich lerne, dass ich andere lieben kann und sie mich lieben können.'

Der Anwender bittet den Klienten, den Schöpfer nach den notwendigen Downloads oder den Glaubenssätzen, die verändert werden sollten, zu fragen.

Wie du festgestellt hast, ist es wichtig, dich selbst zu trainieren zuzuhören. Direkt hoch zum Schöpfer zu gehen kann die Graben-Zeit auf die Hälfte reduzieren.

•••

Kapitel 7

DINGE AUSSORTIEREN

In diesem Kapitel erforschen wir, welche Dinge uns BLOCKIEREN können, klare Botschaften vom Schöpfer zu erhalten.

EGOISMUS

Wir haben bereits die Gefahren des Egoismus erörtert, aber hier möchte ich das Thema genauer untersuchen und erklären, warum es für den Reader so wichtig ist, sein Ego aus einer Sitzung herauszuhalten.

Das habe ich in den ersten Jahren gelernt, als ich ein paar Menschen erlaubt habe, Readings in meinem Laden zu machen. Ich konnte sehen, dass sie übersinnliche Fähigkeiten hatten, aber aus irgendeinem Grund konnten sie ihren Egoismus nicht ausserhalb der Sitzung lassen. Das Problem war, dass sie ihre eigenen Probleme auf die Kunden projizierten.

Eine Übersinnliche sagte allen ihren Klienten, dass sie homosexuell sind, sie es jetzt einfach noch nicht wüssten. Also wer war homosexuell? Die Leserin!

Ich kannte eine andere Übersinnliche, die hellsichtige Lesungen machte, die allen sagte, dass sie auf eine Trennung der Beziehung zusteuerten. Diese Person hat tatsächlich geglaubt was sie sagte, aber wer war auf dem Weg zu einer Trennung? Die Leserin!

Wenn du fünf oder sechs Personen pro Tag sagst, dass sie homosexuell sind oder dass ihre Partner sie verlassen werden, liegt ein Problem vor. Ich musste diese Leser gehen lassen, da sie den Unterschied zwischen der Wahrheit ihres Egos und der göttlichen Wahrheit nicht erkennen konnten.

HERRSCHEN ODER ANFÜHREN

Eines der Dinge, die uns davon abhalten, vorwärtszukommen, um klare Antworten vom Schöpfer zu erhalten, ist das Ego, das über andere herrschen möchte, anstatt sie führen zu wollen. Herrschen und Anführen sind zwei verschiedene Dinge.

Das Ego eines Herrschers schreit: ‚Ich weiß, was das Besten für alle ist. Ich möchte herrschen!' Der Herrscher möchte verehrt werden und der Anführer möchte mit Inspiration und Liebe führen, um eine bessere Welt zu schaffen. Ein Anführer motiviert alle zusammenzuarbeiten, ein Herrscher möchte, dass alle genau das machen, was er sagt.

Der Unterschied zwischen Herrschen und Anführen ist bei den Politikern rund um die Welt gut zu sehen. Einige Regierungsangestellte sind besessen vom Bedürfnis, verehrt zu werden und herrschen mit eiserner Faust – die Mentalität „Macht gibt Recht".

Andere beherrschen zu wollen hält jeden davon ab, klare Antworten des Schöpfers zu bekommen, da es gegen das Gesetz des freien Willens ist.

Was auf die Politik zutrifft, gilt auch beim Unterrichten und bei Readings. Der Leser oder Lehrer muss andere anführen und nicht versuchen, sie zu beherrschen oder zu kontrollieren. Du kannst niemanden dazu zwingen, dich zu lieben oder verehren. Liebe geschieht auf natürliche Weise. Wenn du mit anderen Menschen, mit der Welt und mit dem Schöpfer arbeiten möchtest, dann brauchst du eine Verbindung zum Schöpfer. Wenn du jedoch möchtest, dass Menschen dich verehren, ist dies die falsche Mentalität. Wenn du ein Herrscher bist und versuchst, alle zu kontrollieren, wirst du keine klaren Antworten mehr erhalten.

MACHT

Wenn du andere heilst, erhältst du Energie vom Schöpfer, die wirklich mächtig ist. Wenn du also Angst vor deiner eigenen Macht hast, solltest du dich daran erinnern, dass es in Wirklichkeit die *Lebenskraft* des *Schöpfers* ist, welche die Macht ist. Jede Macht muss weise eingesetzt werden. Die Angst vor Macht kann klare Antworten stoppen, ebenso wie die Besessenheit nach Macht.

URINSTINKT

Instinkt wird als verhaltensbasierte genetische Faktoren angesehen, auf die ohne den Einfluss von Lernen oder Erfahrung im Leben eingewirkt wird. Als Menschen haben wir Urinstinkte entwickelt. Ein gutes Beispiel hierfür ist die sexuelle Anziehungskraft von zwei Personen. Instinktiv wissen beide, dass die andere Person ein guter Partner sein könnte, und aus diesem Grund werden sie wahrscheinlich ein Date vereinbaren, auch wenn sie die andere Person nicht kennen, einfach aus instinktivem Optimismus heraus. Wenn sie dann aber das Date haben, führen sie Gespräche und erkennen womöglich, dass die andere Person nicht das ist, was er oder sie erwartet hat.

Auf diese Weise können Pheromone eine Anziehungskraft aus reinem Urinstinkt schaffen. Der Körper hält jemanden für körperlich akzeptabel, aber der Geist muss sich auch angezogen fühlen. Der Urinstinkt muss mit Weisheit genutzt werden.

THEMEN DER GROSSEN VIER

Es gibt vier große emotionale Reaktionen, die uns daran hindern, klare Botschaften zu erhalten, dies sind Groll, Bedauern, Zurückweisung und Rache. Sie alle nehmen viel mentalen Raum ein und arbeiten in einigen Fällen mit dem unterschwelligen Selbst. Bedauern kann dich davon abhalten voranzuschreiten und Zurückweisung oder Ablehnung wird vom unterschwelligen Selbst nicht immer gut verarbeitet. Dein unterschwelliges Selbst kann in diesen Programmen feststecken und Schwierigkeiten haben, sie loszulassen.

Je mehr dieser negativen Programme aufgelöst werden, desto mehr kann das unterschwellige Selbst neu ausgerichtet werden, um für jemanden zu arbeiten. Denke daran, das unterschwellige Selbst ist nicht der Feind, sondern nur ein Teil dessen, was du bist. Du kannst viel Spaß damit haben, dich selbst zu verstehen. Sobald etwas aus Bedauern oder Groll gelernt wurde, geht die Weisheit zum Höheren Selbst, das mit der Seele verbunden ist.

Die innewohnende Gefahr auf Groll, Bedauern, Zurückweisung und Rache hereinzufallen wird mit nachfolgender Anekdote illustriert: Tommy der Kobold.

Vor vielen Jahren startete ich mein Büro und bot Readings, Massagen und naturheilpraktische Konsultationen in Idaho Falls, Idaho, an. Ich wollte, dass mein Büro ein Ort ist, an den

Menschen hinkommen konnten, um sich hinzusitzen und auszuruhen, darum hatte ich im Eingangsbereich Tee für jeden der draußen bis zu seiner Sitzung wartete. Es dauerte nicht lange, bis alle Menschen in der Nachbarschaft hereinkamen, sich hinsetzten und sich beim Tee bedienten. Wenn ich aus einer Sitzung kam, saß immer jemand dort und trank Tee. Unnötig zu erwähnen, dass ich sehr viel Tee brauchte.

Einige dieser Menschen, die zum Tee kamen, waren obdachlose Fensterputzer. Bei mir machten sie ihre Arbeit immer gut und putzten meine Fenster sauber, bei den Nachbarn hingegen nur mittelmässig. Sie sagten zu mir: ‚Du hast nichts, genau wie wir. Wir putzen deine Fenster, weil du nett bist.‘ Tommy der Kobold war einer dieser reisenden Landstreicher und kam jedes Jahr während der warmen Monate nach Idaho Falls.

Eines Tages sagte mir eine meiner Klientinnen, dass Tommy in der Stadt war, und ich bat sie, mich ihm vorzustellen. Tommy war einer dieser magischen Charaktere, die man nur einmal im Leben trifft und er sah wirklich wie ein Kobold aus.

Er war ein kleiner Kerl, der immer grün trug und diese großen, ausdrucksvollen Augen hatte, ähnlich wie ein Reh. Er händigte Karten aus, auf denen stand, ‚ein Freier Wunsch: Tommy der Kobold‘ und verteilte Ballons. Er sang und spielte auf seiner Gitarre und Menschen gaben ihm dafür Geld. (Er sah wirklich wie ein Kobold aus.)

Als ich ihn kennenlernte, erzählte er mir Geschichten darüber, wie er im Vietnamkrieg eine Tunnelratte gewesen war, weil er so klein war. Er hatte nur vier Finger wegen einer Bombe bei einem dieser Tunnelausflüge. Der Krieg machte ihn so wütend auf die Regierung, dass er ein Straßenkünstler wurde. Er verdiente jeden Tag genug für sein Abendessen. Er holte sich alle drei Tage neue Kleider bei der Heilsarmee, immer Grüne. Er kam in mein Büro mit seiner Gitarre, um

Lieder zu singen, und wir wurden schnell Freunde. Ich habe Tommy sehr gemocht.

Eines Abends unterhielten wir uns und es begann zu regnen, also ließ ich ihn in meinem Büro übernachten. Als ich am nächsten Morgen zur Arbeit kam, hatte er meinen Fensterreiniger gestohlen. Später an dem Tag sah ich ihn und sagte: ‚Tommy, du hast meinen Fensterreiniger gestohlen!‘ Er lächelte und sagte: ‚Ich wusste, dass du nichts dagegen hast.‘

Er besuchte mich, fragte jedoch nie nach Geld (wahrscheinlich, weil er wusste, dass ich zu diesem Zeitpunkt kein Geld hatte). Ich erfuhr, dass er ein Emphysem hat, also gab ich ihm Kräutertees dagegen. Unsere Freundschaft dauerte zwei Sommer, denn er ging immer vor dem Winter wieder weiter.

Dann traf ich Blake, der später mein dritter Ehemann wurde. Das Aussehen war für ihn sehr wichtig und als ich mit ihm in ein Geschäft ging und Tommy sah, ging ich, um mit Tommy zu reden, und er stoppte mich und sagte: ‚Du kannst nicht in der Öffentlichkeit mit dieser Person reden, er ist ein Landstreicher!‘ Er nahm meinen Arm und zog mich weg. Aber Tommy sah, wie ich wegging und ich werde niemals den Schmerz in seinen Augen vergessen, weil er von mir zurückgewiesen wurde.

Ein paar Tage gingen vorbei und ich sah Tommy auf der Straße und hielt an, um mit ihm zu sprechen. Er sagte mir, dass er die Stadt verlässt, und ich fuhr ihn zur Bushaltestelle. Das Gefühl zwischen uns war anders und ich wusste, dass ich unsere Freundschaft ruiniert hatte. Ich lief von meinem Freund weg. Ich entschuldigte mich und er sagte, dass er es verstehe, dies ließ mich jedoch noch schlechter fühlen.

Seine Gefühle waren zu sehr verletzt und unabhängig davon was für Missbrauch ich erlebt hatte, der Schmerz dieses Moments war so stark, dass es einer der schlimmsten Momente meines Lebens war. Ich kam von meinem Weg ab.

Lief weg und verletzte diese unschuldige, perfekte Seele. Ich sah Tommy nie wieder.

Ich hielt jahrelang an diesem Bedauern fest und versprach mir selbst, dass ich so etwas nie wieder zulassen würde. Ich habe diesen absoluten Schmerz des Bedauerns nie vergessen. Ich gab mein Bestes, niemals jemandem das Gefühl zu geben, weniger wert zu sein als eine andere Person. Einige Jahre später, hatte ich eines Nachts den Traum, dass Tommy in meinem Kühlschrank nach etwas zu Essen suchte.

Was ich von Tommy lernte, war, dass jeder zählt. Jeder ist wichtig, unabhängig davon, was andere denken. Ich musste mir selbst vergeben, für das, was mit Tommy war, aber erst als ich sicher war, dass es nicht nochmals passieren würde.

Was hast du vor langer Zeit getan, was jemandes Gefühle verletzt hat? Welche Dinge hast du in deinem Leben getan, die du bereust? Wenn du eine schwierige Entscheidung getroffen hast und diese noch immer bereust, dreht sich das unterschwellige Selbst im Kreis. Dein Unterschwelliges Selbst könnte sich beispielsweise im Kreis drehen, wenn du eine Chance verpasst hast, dich zu verlieben und du glaubst vielleicht, dass du nie mehr die Chance dazu hast. Gott sei Dank, dass ich mit Guy verheiratet bin.

Bedauern entlassen

Dein Gehirn macht etwas wirklich Erstaunliches, wenn du 50 Jahre alt wirst – es funktioniert! Wenn du dann auf dein Leben zurückschaust, verschwindet die Hälfte deines Bedauerns, weil du feststellst: ‚Oh, ich war ein Kind als ich das machte‘, oder ‚Oh, ich war erst 30, als das passierte.‘ Der nächste Schritt besteht darin, zu der Erkenntnis zu gelangen, dass du während deines gesamten Lebens möglicherweise mehr auf dein Höheres Selbst hörst, als du erkennst. Womöglich hast du mehr richtige als falsche Entscheidungen getroffen.

Jeder sollte stolz auf das sein, was er erreicht hat und sich selbst für das, was er nicht erreicht hat, vergeben. Rache, Groll, Zurückweisung und Bedauern aufzulösen, hilft uns, den Unterschied zwischen den Ebenen der Existenz und unserer Verbindung zum Schöpfer zu erkennen. Wenn du deine vergangenen Entscheidungen aus der Perspektive des Schöpfers sehen könntest, hättest du womöglich nicht so viel Bedauern, wie du denkst.

Von allen Geschöpfen im Universum (von denen wir wissen), blicken nur Menschen zurück und durchleben die Vergangenheit erneut. Wenn du etwas bedauerst, finde heraus, was du daraus lernst. Wenn du etwas daraus lernen kannst, wirst du aufhören das Bedauern immer wieder zu wiederholen. Vergangenes Bedauern zu wiederholen, hält dich davon ab, im Leben vorwärtszukommen. Wenn du herausfindest, was du daraus gelernt hast, wirst du anfangen dich selbst zu mögen. Jedes Mal wenn du etwas bedauerst, wird dein unterschwelliges Selbst versuchen, es zu reparieren, indem du zu dir selbst sagst: ‚Ich werde das nie wieder machen‘, so dass du es nie wieder machen wirst.

Wenn du Menschen von dir fernhalten möchtest, funktioniert Groll gut, während Zurückweisung dazu führen kann, dich im Kreis zu drehen. Wenn du als Kind hart zurückgewiesen wurdest, wird dein unterschwelliges Selbst versuchen, dies als Erwachsener zu korrigieren. Wenn deine Mutter dich zum Beispiel zurückgewiesen hat, versuchst du vielleicht dein ganzes Leben lang, ihre Liebe auf irgendeine Art zu gewinnen. Eine weiter Korrektur des unterschwelligen Selbst könnte sein, sie vollständig zurückzuweisen.

Bedauern und Depression

Alle Aspekte der Glaubensebenen müssen in Ausgleich und Harmonie zusammenarbeiten. Zum Beispiel ist sich das Überlebensselbst bestimmter Lebensmittel bewusst, die der Körper zum Überleben benötigt. Es sendet Botschaften an den Körper in Form von Heißhunger auf Lebensmittel, die die benötigten Vitamine, Aminosäuren oder Mineralien enthalten.

Wenn das Überlebensselbst gut ausgeglichen ist, stellt es sicher, dass der Köper alles hat, was er braucht. Sollten die anderen Aspekte jedoch nicht die richtigen Botschaften zueinander senden, kann es Disharmonie geben. Dreht sich das unterschwellige Selbst im Kreis, kann dies die Funktionen des Überlebensselbst beeinflussen.

Ein gutes Beispiel dafür ist, wenn das unterschwellige Selbst sich im Kreis dreht und nicht in der Lage ist, das Bedauern loszulassen. Eines der Dinge, die Depressionen verursachen können ist, wenn das unterschwellige Selbst ständig in Bedauern lebt und die Lösung zu einem Problem nicht finden kann. Wenn dies geschieht, dreht sich der Geist ständig im Kreis und ruht sich nicht aus, was dazu führen kann, dass das Überlebensselbst in einen Notfallmodus wechselt. Dieser ständige Notfallmodus kann das Überlebensselbst daran hindern, Serotonin und andere lebenswichtige Chemikalien freizusetzen, die das Gehirn und der Körper benötigen, um das Gleichgewicht aufrechtzuerhalten und Depressionen sind die Folge daraus. Dies ist der Grund, weshalb das unterschwellige Selbst erkennen muss, was es aus dem Bedauern lernt, um es loszulassen.

Unser Geist muss Tugenden anwenden, um ausgeglichen zu sein. Wenn jemand ein ausgeglichenes Ego hat, hat er ein positives Selbstbild und entwickelt im Allgemeinen keine Depression, weil er nicht in Bedauern lebt. Ohne Bedauern können wir ein ausgeglichenes Ego aufbauen und die Aspekte bleiben dabei auch ausgeglichen. Denke daran, ein ausgeglichenes Ego und gutes Selbstwertgefühl helfen dem Körper, so zu funktionieren, wie er sollte. Wenn du Probleme des Bedauerns mit Glaubensarbeit bearbeitest, bekommst du das, was ich ein „gutes Ego" nenne.

Je mehr jemand bewusst weiß, was er erreichen möchte, desto besser ist seine Verbindung zum Höheren Selbst. Je besser die Verbindung zum Höheren Selbst ist, desto ausgeglichener sind die verschiedenen Glaubensebenen und desto stärker und gesünder wird die Person. Alle Aspekte müssen ausgeglichen sein, um einen gesunden, klaren Geist zu erreichen.

Rache

Sobald du damit fertig bist, an Bedauern, Groll und Zurückweisung zu arbeiten, kannst du an Rache arbeiten. Ganze Nationen sind gegeneinander aufgrund des Bedürfnisses nach Vergeltung. Wir denken an Rache und Groll nicht nur, um uns zu schützen, sondern um uns auf der Dritten Ebene zu halten.

Wenn wir so erleuchtet werden, dass wir tugendhafte Gefühle haben, entwickeln wir uns weiter und verlassen diese Ebene der Existenz. Wenn wir auf dieser Welt geliebte Menschen haben, wollen wir nicht ohne sie gehen, daher nutzen wir Groll, der uns sofort zurück auf die Dritte Ebene bringt. Wie viele von uns wissen, dass wir unterbewusst dazu tendieren, grollend und rachsüchtig zu sein? Unser unterschwelliges Selbst ist sehr gut darin, etwas heimzuzahlen, wenn wir ihm freie Hand lassen.

Wenn dich jemand auf gemeine Art zurückweist oder ablehnt, sucht dein unterschwelliges Selbst nach Möglichkeiten, um das Problem zu lösen. Sobald du Glaubensarbeit machst, stellst du womöglich fest, dass dein unterschwelliges

Selbst versucht sich zu rächen. Rache kann von Zeit zu Zeit ein grossartiger Motivator sein, ebenso wie die Emotion des Ärgers. Diese beiden können die Erleuchtung verzögern.

Ein gutes Beispiel dafür war, als ich mein drittes Kind, Brandy, zur Welt brachte. Ich hatte während der Schwangerschaft zugenommen und war so wütend auf mich selbst, dass ich anfing mich selbst zu kritisieren. Dazu kam, dass mein damaliger Ehemann eine Frau als Vorgesetzte hatte, die ihn Doppelschichten arbeiten ließ, obwohl dies gar nicht nötig war. Schon als junge Mutter wusste ich, dass sie ihn wirklich mochte (auf sexuelle Weise). Ich dachte: *Eines Tages werde ich ihr auf die Nase hauen. Ich werde nur eine Chance bekommen.*

Dies war die Lösung meines 20-jährigen Gehirns. Daher fing ich an Gewichte zu heben und stellte mir vor, wie ich ihr auf die Nase haue. Ich habe so viel trainiert, dass ich abnahm und so gut aussah, dass es mir egal war, ob sie mir meinen Ehemann ausspannen würde, sie konnte ihn haben. Ich trainierte mich zurück zur Gesundheit, bis ich die richtigen Hormone entließ. Diese Motivation von Rache wirkt sich vorteilhaft für mich aus. Also manchmal können solche negativen Gefühle zum Vorteil für uns arbeiten, aber ich habe viel Zeit und Energie verschwendet und hätte anders motiviert sein sollen.

Rache ist eine Energie, die dich im Kreis drehen lässt, anstatt dich voranzubringen. Du kannst dein ganzes Leben damit verbringen, nach Gerechtigkeit für etwas zu suchen, das dir zu Unrecht angetan wurde. Aber ist es wirklich Gerechtigkeit, die du suchst und willst du einen Grossteil deines Lebens diesem Bestreben widmen?

Es gibt zwei Arten von Rache: direkte und subtile. Für jeden, der dich auf irgendeine Weise in deinem Leben verletzt hat, kann dein unterschwelliges Selbst auf subtile Weise auf Rache hinarbeiten. Dein unterschwelliges Selbst wird in gewissen Situationen Rache suchen und die beste Rache ist Erfolg. Aber kannst du ohne diese Motivation erfolgreich sein? Dein unterschwelliges Selbst kann befriedigt werden, wenn alle Menschen, die dich zurückgewiesen haben, deinen Erfolg sehen. Es ist jedoch besser durch das Höhere Selbst motiviert zu sein. Andernfalls wirst du dich nie erfolgreich genug fühlen. Wenn du etwas wie Heilungen machst, weil du Menschen liebst, wirst du immer reichlich haben. Der Schlüssel ist, alle Aspekte deines Geistes zu verstehen.

Sobald Rache, Bedauern, Groll und Zurückweisung aufgelöst sind, wird sich deine Fähigkeit, dich mit dem Schöpfer zu verbinden, verstärken.

GLAUBENSARBEIT FÜR DIE GROßEN DREI

Nutze die folgende Übung, um Themen wie Zurückweisung und den damit verbundenen Kummer aufzulösen. Finde zuerst heraus, was du bedauerst, was du daraus gelernt hast und ob du damit fertig bist es zu lernen. Nachdem du dies gemacht hast, kannst du die Vergebungsübung nutzen, um der Person, die das Bedauern verursacht hat, zu vergeben, oder arbeite an Selbstvergebung, dies könnte das Bedürfnis nach Rache auflösen.

Arbeite mit dir selbst oder jemand anderem an einem Groll, einer Situation, in der du zurückgewiesen wurdest und einem Bedauern für 30 Minuten pro Person. Das Auflösen von Rache wird in einer Glaubensarbeitssitzung zum Schluss bearbeitet, falls nötig.

Um diese Themen zu bearbeiten, muss der Anwender während der ganzen Übung die Verbindung zum Schöpfer nutzen und direkt beim Schöpfer Fragen stellen wie:

    1. ‚Schöpfer, warum bedauere ich das?‘

2. ‚Schöpfer, was habe ich daraus gelernt?‘

3. ‚Habe ich aus dieser Situation alles gelernt, was ich lernen sollte? Muss ich daran festhalten?‘

Beachte: Sollte das Überlebens, Unterschwellige oder Ego-Selbst versuchen, ein Programm in Zusammenhang mit Bedauern, Groll oder Zurückweisung aufrechtzuerhalten, wird der Klient (oder du selbst) die Fragen in Bezug auf Groll und Bedauern mit einem ähnlichen Dialog wie folgt beantworten:

Anwender: ‚Was für ein Thema möchtest du anschauen?‘

Klient: ‚Ich habe keine Probleme.‘

Anwender: ‚Was hast du aus dem Groll oder Bedauern gelernt?‘

Klient: ‚Ich habe nichts daraus gelernt.‘

Wenn du mit dir selbst oder anderen arbeitest, gehe immer hoch zum Schöpfer von Allem was Ist für deine Antworten. Auf diese Weise sind sie weniger angreifbar.

Glaubensarbeit: Beispiel für Groll

Frage: ‚Wem grollst du? Wer hat deine Gefühle vor langer Zeit verletzt? Was profitierst du davon dieser Person zu grollen?‘

Für weitere Informationen nutze das Buch „Graben nach Glaubenssätzen".

Glaubensarbeit: Beispiel für Zurückweisung

Frage: ‚Wer hat dich zurückgewiesen? Wie fühlst du dich in Bezug darauf? Wann hast du dich zurückgewiesen gefühlt und was hast du daraus gelernt? Wie hat es dich motiviert? Wann hast du eine andere Person zurückgewiesen?‘

Unterschwelliges Selbst

Frage: ‚Rächst du dich an dieser Person oder reparierst du etwas? Was profitierst du davon, zurückgewiesen zu werden? Wie hat es dich motiviert?‘

Glaubensarbeit: Beispiel für Bedauern

Wenn du jung bist, triffst du viele Entscheidungen und falls du einige bedauerst, kann dich das in der Vergangenheit halten. Nutze den Energietest für folgende Programme:

- „Ich bedaure, dass ich meine Chancen nicht genutzt habe.“

- „Ich bedaure, dass ich diese Person verletzt habe.“

- „Ich bedaure, wie wild ich war, als ich jünger war.“

Wenn du älter und erfahrener wirst, geht ein Großteil deines Bedauerns weg. Du kommst zu der Erkenntnis, dass du jung warst und harte Erinnerungen werden leichter.

Beachte: Der Klient sollte sagen, warum er das Bedauern hat und was er daraus gelernt hat.

VERGEBUNGSÜBUNG

Ein Mangel an Vergebung wird die Verbindung zum Schöpfer blockieren, nutze daher die Vergebungsübung, um die vorangegangene Übung in Bezug auf Rache, Bedauern, Groll und Zurückweisung, für jeden, der deine Gefühle jemals verletzt hat, abzuschließen. Dies kann deine Energie von jemandem, der dich nicht mag oder hasst, jemand der dir negative Gedanken schickt, jemandem, den du hasst oder nicht magst oder jemandem, der in deinem Leben ungerecht zu dir war, befreien.

1. Gehe hoch auf die Siebte Ebene und verbinde dich mit dem Schöpfer. Nutze hierzu die Straßenkarten-Meditation (siehe Einleitung, Seite 14)

2. Zentriere dich selbst.

3. Beginne, indem du dein Bewusstsein in das Zentrum von Mutter Erde schickst, in die Energie von Allem was Ist.

4. Bringe die Energie durch deine Füße hoch, in deinen Körper und durch alle Chakren.

5. Gehe hoch, durch dein Kronenchakra, gehe darüber hinaus und projiziere dein Bewusstsein hinaus, an den Sternen vorbei, ins Universum.

6. Gehe am Universum vorbei, durch Schichten von Licht, durch ein goldenes Licht, durch eine gelee-artige Substanz, die die Gesetze sind, in ein perlmutt-artiges, irisierendes weißes Licht, in die Siebte Ebene der Existenz.

7. Gib die Anweisung oder erbitte: ‚Schöpfer von Allem was Ist, es ist angewiesen/erbeten, dass ich (benenne die Person) vergebe.

8. Stelle dir vor, dass die Person, die dich verletzt hat, gegenüber von dir steht.

9. Stelle dir vor, dieser Person zu sagen, wie sie dich verletzt hat und was sie dir angetan hat.

10. Stelle dir vor, wie du dieser Person sagst, dass du ihr dafür vergibst, dass sie dich verletzt hat. Wenn du dieser Person sagst, dass du ihr vergibst, beobachte ihre Reaktion.

11. Wenn die Person in deiner Vision vor dir stehen bleibt und sagt, dass es ihr leidtut, bedeutet dies, dass sie auf irgendeiner Ebene Reue empfindet für das, was sie getan hat.

12. Wenn du die Erkenntnis gewinnst, dass sie Reue für das, was sie dir angetan hat, empfindet, wird dich die Energie der Vergebung von ihren ärgerlichen Gedankenformen, die sie dir schicken, schützen. Dies erlaubt dir, ebenfalls Mitgefühl mit ihr zu haben.

13. Sollten sie in der Vision zu Asche werden, bedeutet dies, dass sie keine Reue empfinden, und es nimmt alle negativen Gedankenformen von dir weg.

14. Dies bedeutet, dass die hasserfüllte Person sich mit ihren eigenen negativen Gedanken auseinandersetzen muss, und sie kann dich nicht mehr länger beeinflussen.

15. Was du von dieser Person lernen musstest, ist gelernt und du bist geschützt vor ihr.

16. Wenn sie in der Vision vor dir stehen bleibt, ohne etwas zu sagen und sie wird nicht kleiner, dann ist das, was du lernen musstest, noch nicht abgeschlossen.

17. Dies bedeutet, du solltest Glaubensarbeit in Bezug auf die Situation machen. Wenn du dich selbst von

der Verpflichtung befreist, von dem, was sie dir beibringen muss, wird die Person in deiner Vision immer kleiner und kleiner werden.

18. Sobald du fertig bist, dusche dich mit der Energie der Siebten Ebene der Existenz ab und bleibe mit ihr verbunden.

———————————————

Vergebung ist der stärkste Schutz, denn wenn du zu jemandem ‚Ich vergebe dir‘ sagst, bedeutet dies, dass du keine negativen Energien mehr von dieser Person akzeptierst. In einigen Fällen wird sich die Person bei dir entschuldigen und es kann sein, dass sie es wieder gut machen kann. Du solltest diese Übung immer nur mit einer Person auf einmal machen. Wenn deine Fähigkeiten sich verbessern, kannst du es mit mehreren gleichzeitig machen, sogar mit dir selbst.

IN DER VERGANGENHEIT FESTSTECKEN

Bedauern und Zurückweisung können bewirken, dass wir in der Vergangenheit feststecken und nicht in die Zukunft voranschreiten können, da wir das Bedauern und die Zurückweisung immer und immer wieder in unseren Gedanken wiederholen.

In einem meiner Seminare beobachtete ich meinen Studenten auf übersinnliche Weise, wie sie zum Schöpfer hoch gingen, um sich an ihre Zukunft zu erinnern. Sie gingen in der Zeit nicht nach vorne, wie sie es hätten tun sollen. Stattdessen gingen sie zur einen oder anderen Seite, um sich daran zu erinnern was mit ihnen geschehen war. Sie erkannten nicht, dass die Zukunft vor ihnen liegt.

Dann wurde mir klar, dass sie, als sie hinauf gingen, um ihr Divine Timing zu betrachten unbeweglich saßen, ohne zu ahnen, wo oder was es war, ohne zu denken, dass sie nach vorne in die Zukunft oder zurück in die Vergangenheit schauen mussten. Dein Divine Timing hat womöglich vor fünf Jahren begonnen, als du mit Heilungen angefangen hast, oder es liegt noch in der Zukunft.

DIE VERGANGENHEIT, GEGENWART UND ZUKUNFT NEU SETZEN

Manche Menschen stecken in der Vergangenheit fest und haben Schwierigkeiten, Entscheidungen zu treffen. Sie wissen nicht, welche Handlungen die Zukunft erschaffen werden. Sie kommen zu Heilungen und können nur über die Vergangenheit sprechen. Sie sagen: ‚Ich habe meine Chance verpasst, ich war ein Quarterback, aber ich habe mir mein Knie verletzt, mein Leben ist ruiniert.‘ Oder ‚Ich habe meine Chance verpasst. Ich habe ein Unternehmen gegründet, aber es ist gescheitert und mein Leben ist vorbei.‘ Diese Menschen leben in der Vergangenheit. Um ihnen zu helfen, werde nicht kompliziert, sondern richte sie neu aus, indem du die Erinnerungen der Vergangenheit und der Zukunft in den richtigen Zusammenhang bringst. Dies kann jemandem helfen voranzuschreiten. Je mehr wir mit unserem Höheren Selbst verbunden sind, desto einfacher ist es, ohne die Lasten negativer Erfahrung aus der Vergangenheit voranzukommen.

Wenn du Glaubensarbeit mit einer anderen Person (oder dir selbst) machst und sie sagen hörst: ‚Ich stecke fest‘, solltest du entgegnen: ‚Aber wenn du nicht feststecken würdest, wo wärst du?‘ Dies wird dir helfen herauszufinden, woher der Glaubenssatz kommt.

Einige Menschen gehen hoch in die Akasha-Chronik und sehen „das Ende der Welt". Was sie sehen, ist eine der vielen

Zukunftsmöglichkeiten, die verändert werden können, da sie auf den Entscheidungen, die wir treffen basieren. Unsere Zivilisation wird womöglich für 10.000 Jahre fortbestehen oder vielleicht noch für drei Tage, denn wir alle haben Einfluss auf die Zukunft.

Downloads

Die folgenden Downloads können helfen, deinen Geist neu auszurichten:

„Ich weiß auf jeder Ebene, dass es sicher ist meine Vergangenheit, Gegenwart und Zukunft neu auszurichten und ich bin bereit voranzuschreiten."

„Ich weiß, wie ich in meinem Leben voranschreite."

„Ich kann immer aus meiner Vergangenheit lernen, während ich in die Zukunft schreite."

„Es ist einfach, mich an meine Zukunft zu erinnern."

„Es ist einfach, mich and meine Vergangenheit zu erinnern."

Um den Geist in den richtigen Zusammenhang zu bringen, setzen wir die Vergangenheit, Gegenwart und Zukunft neu. In der folgenden Übung werden wir vergangene Erfahrungen und Ereignisse als Archivablagen, auf die unser Bewusstsein zugreifen kann, organisieren. Der Geist nimmt diese vergangenen Ereignisse hinter uns wahr und die zukünftigen vor uns. Dies klärt den Geist, um in die Zukunft voranzugehen.

Wenn ich mein Gehirn anschauen würde und ich wollte zurückgehen und meine Vergangenheit betrachten, würde ich mir vorstellen, in den Archiven der Vergangenheit, direkt hinter meinem Kopf nach hinten zu gehen, und für zukünftiges würde ich mir vorstellen in den Archiven meiner Zukunft vor meiner Stirn nach vorne zu gehen.

Wenn ich drei Jahre in die Zukunft gehe, wird die Wahrnehmung komplexer sein, als wenn ich drei Tage in die Zukunft gehe. Dies liegt daran, dass die Entscheidungen anderer Menschen das Ergebnis der Zukunft durch die tägliche Interaktion beeinflusst. Es gibt jedoch einige Dinge in Bezug auf die Zukunft, die sich nicht verändern werden.

DEN GEIST NEU SETZEN

Diese Übung hilft mit dem Erinnerungsvermögen und organisiert vergangene Informationen. Ich würde es mit Teenagern nutzen, die für einen Test lernen, um ihnen zu helfen in die Zukunft zu gehen, wo sie den Test, der sich von dort aus in der Vergangenheit befindet, anschauen können. Dann könnten sich daran erinnern, anstatt in ihren ganzen Geist nach Antworten zu suchen. Du kannst diese Übung für dich oder für andere Personen anwenden.

1. Zentriere dich selbst.

2. Beginne, indem du dein Bewusstsein in das Zentrum von Mutter Erde schickst, in die Energie von Allem was Ist.

3. Bringe die Energie durch deine Füße hoch, in deinen Körper und durch alle Chakren.

4. Gehe hoch, durch dein Kronenchakra, gehe darüber hinaus und projiziere dein Bewusstsein hinaus, an den Sternen vorbei, ins Universum.

5. Gehe am Universum vorbei, durch Schichten von Licht, durch ein goldenes Licht, durch eine gelee-

artige Substanz, die die Gesetze sind, in ein perlmutt-
artiges, irisierendes weißes Licht, in die Siebte Ebene
der Existenz.

6. Gib die Anweisung oder erbitte: ‚Schöpfer von Allem
    was Ist, es ist angewiesen/erbeten, dass meine Er-
    innerungen neu gesetzt werden, so dass alle meine
    vergangenen Erinnerungen hinter mir in Archiven
    oder Filmclips abgelegt werden, als Erfahrungen, auf
    die ich bei Bedarf zugreifen kann und dass die
    Zukunft vor mir ist, als Erinnerungen, die in die
    Zukunft führen, auf die ich einfach zugreifen kann.
    Bezeuge, wie alle vergangenen Erinnerungen richtig
    in die Archive hinter mir platziert werden und alle
    zukünftigen Erinnerungen vor mir. Danke. Es ist voll-
    bracht, es ist vollbracht, es ist vollbracht.‘

7. Wenn du fertig bist, gehe zurück in das kribbelnde
    weiße Licht und sage Danke. Es ist vollbracht, es ist
    vollbracht, es ist vollbracht und öffne deine Augen

Sobald du diese Übung gemacht hast, bist du womöglich
fähig, deine vergangenen Leben als Archive zu sehen. Dies
liegt daran, dass die Ablage bis zurück in deine vergangenen
genetischen Erinnerungen und auch in die Zukunft gehen.
Das bedeutet, auf die Archive der Zukunft kann zugegriffen
werden, indem du dich an die Zukunft erinnerst und fragst:
‚Was ist das letzte Mal passiert, als das passiert ist?‘

DER KÖRPER SPRICHT

Wenn dein übersinnliches Bewusstsein sich verbessert, hörst
du womöglich die Botschaften, die die Organe des Körpers
zwischen sich hin und her senden. Immer, wenn ein Organ

aus dem Gleichgewicht gerät, können die von ihm gesendeten Botschaften falsch verstanden werden.

Botschaften von Mikroben

Einige der Botschaften, die dich womöglich verwirren, stammen von Mikroben in deinem eigenen Körper. Es ist wichtig zu verstehen, was Botschaften des Schöpfers und was Gedankenformen aus der mikroskopischen Welt sind, die durch den Überlebensmodus erschaffen werden. Mikroben blockieren dich nur, wenn du nicht erkennst, dass sie dich beeinflussen.

Botschaften von Candida

Ein wenig Candida ist ein natürlicher Bestandteil im Körper, aber wenn es ein Ungleichgewicht gibt, kann es außer Kontrolle geraten. Wenn du eine Basen-Kur machst, um den Überschuss an Candida loszuwerden, wird der Körper ein Verlangen nach Zucker entwickeln. Dieses Verlangen kommt vom Candida, welcher die Botschaft an den Körper sendet, damit du Zucker isst. Aus dem gleichen Grund wird der Candida nach Zucker schreien, wenn du eine Diät machst, die Zucker und Weißmehl ausschließt.

Du wirst ein Gespräch in deinem Gehirn führen, das dir sagt: ‚Ich verdiene es‘, ‚Ich darf es haben, wenn ich es möchte‘, ‚Ich kann es nicht glauben, dass ich mir selbst diesen Schokoriegel vorenthalte, denn ich will ihn haben.‘ ‚Ich liebe mich selbst genug, um diesen Schokoriegel zu essen.‘ Deshalb ist es wichtig, sich selbst zu fragen, woher dieses Verlangen kommt. Ich glaube, dass es möglich ist, Candida im Körper zu beseitigen, indem Groll und Schuldgefühle entlassen werden (da diese Gefühle Hand in Hand damit gehen). Denk daran, dass einige Heißhungergefühle auf Lebensmittel bedeuten können, dass du die darin enthaltenen Nährstoffe benötigst. Daher ist es immer gut, den Schöpfer zu fragen, warum du dieses Verlangen hast.

Botschaften von Bakterien

Wenn eine übersinnliche Person beginnt Antibiotika gegen eine bakterielle Infektion einzunehmen, hört sie womöglich die Botschaft: ,Dieses Antibiotikum bringt mich um. Ich höre auf es zu nehmen.' Dies sind nicht deine eigenen Gedanken, sondern die Gedanken der Bakterien, die durch das Antibiotikum beseitigt werden, und diese Gedanken werden in den Körper des Wirts ausgestrahlt.

Einige Bakterien im Körper sind vorteilhaft, daher sollten nur die negativen Bakterien beseitigt werden. Ich glaube, dass es möglich ist, negative Bakterien im Körper zu beseitigen, indem Schuldgefühle aufgelöst werden.

Botschaften von Parasiten

Parasiten suggerieren dem Wirt dieselben Botschaften wie Bakterien, wenn sie sich bedroht fühlen. Wenn beispielsweise jemand Medikamente verwendet, um einen Bandwurm loszuwerden, sagen am zweiten oder dritten Tag der Behandlung alle dasselbe: ,Diese Medizin bringt mich um.' Diese Gedankenform wird vom Bandwurm projiziert.

Botschaften von Viren

Eine meiner Studenten kam zu mir und sagte, einer ihrer Klienten sei besessen und egal was sie mache, um die Besetzung loszuwerden, sie komme immer wieder zurück. Angeblich sei die Person von einem Wayward besessen und die Studentin sagte Dinge wie: ‚Sie sind von Wesenheiten besessen.'

Da ich wusste, dass Waywards üblicherweise keine Menschen besetzen, fragte ich den Schöpfer, was sie sieht und mir wurde gezeigt, dass sie Viren wahrnehme. Ich erkannte, dass die Leserin intuitiv genug war und dass Viren Gedankenformen haben und eine Art Intelligenz aussenden, die mit einer Wesenheit verwechselt werden könnte. Daher hörte der Virus nicht zu, als der Anwender versuchte ihn ins Licht zu schicken.

Um Viren zu verändern, arbeitet man am besten mit Glaubensarbeit, um sie in einen harmlosen Zustand zu verändern. Dieser ThetaHealer war nicht übermäßig abergläubig. Nach tausenden Lesungen wusste ich, wie Viren aussehen und wie sie sich anfühlen. Aber wie bringst du jemand anderem bei, den Unterschied zu erkennen und zu identifizieren?

Ganz einfach, gehe hoch zum Schöpfer und frage: ‚Schöpfer, was ist das? Ist das ein Virus?'

Wenn du mit Klienten arbeitest, sprichst du manchmal eher mit deren Krankheit als mit der Person. Sobald du den Unterschied zwischen einem Gespräch mit dem Klienten oder seiner Krankheit erkennst, werden die Klienten mit der Sitzung viel zufriedener sein.

Wenn du mit Menschen arbeitest, die Viren wie HIV haben, solltest du wissen, dass dieser Virus dem Wirt Dinge sagt wie, ‚Du brauchst mich, ich habe dir geholfen dein Leben zu verändern', ‚Ohne mich wirst du wieder sein wie vorher' und ‚Ich helfe dir'. Dies sind die projizierten Gedanken des Virus auf den Wirt.

Hast du einen Virus, der dich krank macht, ist der projizierte Gedanke manchmal: ‚Ich bin ein Heiler. Ich kann nicht krank

sein. Ich bin ein schrecklicher Heiler. Ich sollte einfach aufhören.'

Giftstoffe

Giftstoffbelastungen, wie beispielsweise petroleum-
basierende Produkte, Chemikalien, Schwermetalle wie
Arsen, Quecksilber, Blei, Kadmium, Nickel und Mangan
können es schwierig machen, die höchste Antwort zu
verstehen, da sie negative Emotionen hervorrufen. Wenn
diese Giftstoffe aus dem Körper entfernt werden, ist es viel
einfacher, sich mit der höchsten Wahrheit zu verbinden.

Die Gedanken anderer

Manche Menschen sind sehr intuitiv und kennen manchmal
den Unterschied zwischen ihren Gedanken und den
Gedanken anderer nicht. Wenn sie die reine Essenz des
Schöpfers kennenlernen, erkennen sie den Unterschied
zwischen ihren Gedanken und denen anderer. Wenn du ein
Kind bist, ist es einfach den Unterschied zwischen diesen
Energien zu erkennen, da du mit dem Schöpfer verbunden
bist.

Wir nehmen Gedankenformen von allerlei Dingen wahr:
unbelebte Objekte, die wir berühren, die Gedanken anderer
Menschen, insbesondere die, die uns nahestehen, und wir
werden überschüttet von Radiowellen von Mobiltelefonen.

DER DNA-KAMPF UM DIE ÜBERLEGENHEIT

Unsere DNA ist für das Überleben so programmiert, dass wir
das genetische Ego bekämpfen müssen, das uns sagt: ‚Wir
sind besser als andere.' Wahrscheinlich gibt es jemanden in

deiner genetischen Linie, der glaubt, dass seine Leute die „Auserwählten" sind. Diese Gedankenform hindert dich daran, klare Antworten zu erhalten, wenn diese Glaubenssätze nicht geändert werden. Für den Schöpfer sind wir alle „auserwählt".

Du hörst womöglich Botschaften, die dir sagen, dass es nur einen wie dich gibt, dass du der Eine bist, dass du besser bist und so weiter. Diese Botschaften sind *nicht* vom Schöpfer. Wenn du solche Botschaften bekommst, ist es wichtig zu schauen, ob du Glaubenssätze in Bezug auf Überlegenheit oder Vorurteile gegenüber anderen hast.

Es ist erwähnenswert, dass die meisten unserer DNA-Programme positiver Natur sind. Unsere Vorfahren haben viele Tugenden und nützliche Überlebensinstinkte gelernt und an uns vererbt. Manchmal müssen wir nur unsere genetischen Glaubenssätze verstehen und nicht alle verändern.

ERSCHÖPFTE HEILER

Die meisten Heiler neigen zu Workaholic-Tendenzen. Sie haben oft zwei Jobs, um ihr Heilgeschäft zu unterstützen, oder sie haben ein Heilgeschäft und arbeiten, bis sie ihre Nebennieren erschöpft haben.

Wenn du ein Programm hast, bei dem du nicht aufhören kannst zu arbeiten, werden deine Nebennieren gestresst und du wirst leicht reizbar. Viele Heiler sagen mir, dass sie ihr Temperament besser unter Kontrolle halten müssen, es ist jedoch wahrscheinlicher, dass sie es nutzen, um durchs Leben zu kommen. Sie stehen morgens schon müde auf, und um weiterzumachen, erhöhen sie den Cortisol-Spiegel, in dem sie ärgerlich werden.

Übermüdung verursacht Ärger, der wiederum Angst verursacht und das blockiert klare Botschaften. Dies hat jedoch nichts damit zu tun, wie „spirituell" jemand ist, es hat mit Erschöpfung zu tun. Und ich kann dir sagen, Heiler geben nicht auf, bis sie nicht mehr aufstehen können. Es fest in ihnen verankert. Daher ist es wichtig zu wissen, wann man sich ausruht und sich um seinen Körper, das Haus unserer Seele, kümmert. Der Körper ist dein Haus auf dieser Ebene und ohne ihn können wir nicht spielen!

ERSCHÖPFUNG

Einige Heiler haben eine Typ-A-Persönlichkeit und neigen dazu, so viele Klienten wie möglich anzunehmen. Dies kann jemanden ziemlich schnell erschöpfen. Der Schöpfer kann dir Energie geben, aber nicht, wenn du dich nur ausruhen kannst, wenn du so hart arbeitest, bis du so erschöpft bist, dass du dich ausruhen musst. Das unterschwellige Selbst liebt es, Erschöpfung als Grund sich auszuruhen zu nutzen, daher ist es wichtig, etwas Glaubensarbeit zu machen. Dir selbst zu sagen, dass du dich ausruhen wirst, bedeutet nicht, dass du es wirklich machen wirst. Und was bedeutet sich ausruhen für dich? Bedeutet sich ausruhen für dich an deinem freien Tag die Sehenswürdigkeiten anzuschauen? Möglicherweise brauchst du dann einen freien Tag nach deinem freien Tag. Zu lernen wie du dich ausruhst und dich dann auch wirklich auszuruhen ist sehr wichtig.

Erschöpfung kann dich daran hindern die richtigen Antworten zu erhalten, aber nicht vollständig. Möglicherweise musst du zum Schöpfer hochgehen und immer wieder ‚meine höchste Antwort' sagen und du wirst dich so selbst von den Fesseln des Geistes befreien können. Wenn du erschöpft bist, hochgehst und fragst: ‚Was stimmt mit mir nicht?', wird die Antwort sein: ‚Du bist erschöpft.'

ANGST

Angst ist eine natürliche Überlebensreaktion. Die falsche Art von Angst blockiert jedoch klare Botschaften. Dies kann passieren, wenn ein Klient gesundheitliche Probleme hat und um Rat bittet. Wenn ein Klient dir etwas sagt wie: ,Du musst mir helfen, du bist meine letzte Hoffnung', muss der Anwender seine Angst vor dem Versagen zur Seite stellen. Denke daran, der Klient braucht nur 30 Sekunden ohne Angst, damit die Heilung passieren kann. Wenn du Angst hast, klare Botschaften vom Schöpfer zu erhalten, oder wenn du große Angst hast, ein Reading zu machen, muss diese Angst aufgelöst werden, um eine gute Kommunikation zu erreichen.

ÄRGER

Es ist sehr wichtig zu lernen, wie man heilt, ohne verärgert zu sein. Sagen wir, du machst eine Heilung für einen Klienten und sie funktioniert nicht. Du siehst, wie der Klient leidet und wirst wütend auf den Schöpfer. Dies ist ein genetischer Glaubenssatz, kann aber auch eine Gewohnheit werden.

In diesem Fall tue so, als ob du Glaubensarbeit machst – als wärst du ein Privatdetektiv, der einen Fall löst. Oder tue so, als wärst du ein Wissenschaftler. Du hast eine Heilung gemacht und sie hat nicht funktioniert, also versuche einfach eine andere Formel. Wenn du diese Ansätze nutzt, wirst du nicht wütend auf den Schöpfer. Gott macht die Menschen nicht krank, in den meisten Fällen dauert es eine Weile, bis jemand krank wird.

Ärger kann uns von der höchsten Wahrheit abhalten. Wenn du eine Antwort bekommst, wenn du wütend bist, ist gesunder Menschenverstand Gold wert. Es ist womöglich nicht die höchste Antwort. Wenn du wütend bist und dich entscheidest, ein Reading zu machen, und du hochgehst für die höchste Antwort, lasse den Ärger hinter dir, denn er macht deine Gedanken schwer.

Manche Menschen merken nicht, wann sie tief im Innern verärgert sind, vielleicht weil sie niemals die Erlaubnis hatten, ärgerlich zu sein. Wenn du mitten in einem Streit mit deinem Partner bist, und zum Schöpfer gehest und um Rat fragen möchtest, solltest du dir darüber im Klaren sein, dass du nicht mehr wütend sein wirst, wenn du zum Schöpfer gelangst. Der Streit wird vorbei sein und du wirst vergessen, weshalb du überhaupt wütend warst. Auch wenn du wütend bleiben möchtest, wirst du es nicht sein, solange du mit dem Schöpfer verbunden bist.

Wenn du eine wütende und hitzige Diskussion mit dir selbst hast, während du am Fahren bist und du sagst zu dir selbst: ‚Ich sollte einfach von zuhause weggehen‘, und dann gehst du zum Schöpfer hoch und fragst, ob du gehen sollst, dann wirst du vergessen haben, warum du überhaupt gehen wolltest. Der Schöpfer wird Dinge sagen wie ‚Atme tief durch, atme einfach tief durch. Es ist okay.‘

ICH, ICH, ICH – GIB MIR, MEIN, ICH WILL...

Dies sind einige der Merkmale, auf die du in dir selbst und anderen achten solltest, da sie alle eine klare Kommunikation mit dem Schöpfer blockieren können:

- Ein übertriebenes Gefühl der Selbstherrlichkeit.

- Absorbiert sein mit Fantasien von unlimitiertem Erfolg, Macht, Großartigkeit, Schönheit oder idealer Liebe.

- Der Glaube etwas „Besonderes" zu sein und nur von Menschen (oder Institutionen) verstanden zu werden oder mit ihnen in Verbindung zu stehen, die ebenfalls „besonders" oder von einem höheren Status sind.

- Fordert exzessive Bewunderung.

- Hat ein Gefühl von Selbstberechtigung.

- Ist zwischenmenschlich ausbeuterisch.

- Mangel an Empathie.

- Ist oft *neidisch* auf andere oder glaubt, andere sind *neidisch* auf sie oder ihn.

- Hat arrogante, hochmütige Verhaltensweisen oder Einstellungen.

Bist du dir der Gefühle anderer bewusst oder bist du abgestumpft? Zwingst du dich anderen auf unabhängig von ihren Gefühlen? Um ein guter ThetaHealer zu sein, müssen wir wissen, was im Paradigma einer anderen Person vor sich geht. Aus demselben Grund sollten wir unseren Raum sauber halten. Wir sollten unser Leben leben und nicht von unserem Weg abkommen, um absichtlich andere zu verletzen. Wir müssen jedoch auch verstehen, dass wir unser Recht zu sein verteidigen können und fähig sein sollten, die Dinge in unserem Leben in Ordnung zu halten. Wir sollten auch einen moralischen Kompass dafür haben, was richtig und falsch ist.

Wenn du in „mein, mein, mein, gib mir, gib mir, gib mir, ich will..." vertieft bist, ist es schwierig, den Schöpfer zu erreichen oder ein guter Heiler zu sein. Gute Dinge in deinem Leben zu manifestieren ist nicht narzisstisch. Versteh mich nicht falsch, du kannst alles für dich selbst manifestieren, dass du möchtest, wenn jedoch das einzige, woran du denkst und was dich interessiert, du selbst bist, wird es dich hindern, klare Antworten zu bekommen. Deshalb haben einige Heiler Haustiere, Freundinnen (oder Freunde), Klienten, Brüder, Schwestern, Mütter und Väter, für die sie viel Zeit aufwenden, ihnen zu helfen. Dies hält sie davon ab sich vollständig in sich selbst zu vertiefen.

DEM SCHÖPFER DIE SCHULD GEBEN

Gibst du dem Schöpfer die Schuld für etwas, was in deinem Leben vor sich geht, hält dich dies davon ab, die siebte Ebene zu erreichen. Dies ist hauptsächlich auf ein genetisches Programm zurückzuführen, dass der Schöpfer uns etwas antut und das sich auf Schmerz und Angst vor dem Tod konzentriert. Es ist wichtig zu erkennen, wie lächerlich es ist, dem Schöpfer die Schuld für das Geschenk des Lebens zu geben.

DEM SCHÖPFER ULTIMATEN STELLEN

Ultimaten gegenüber dem Schöpfer sind alle nur in deinem Geist. Wenn du von Gedanken besessen bist wie: ‚Schöpfer, wenn du mir ein neues Auto gibst, werde ich Menschen heilen' oder ‚Wenn du diese Person nicht heilst, werde ich nicht mehr an dich glauben', redest du mit einem Unterbewusstsein und erreichst den Schöpfer nicht. Die Energie des Schöpfers muss niemandem etwas beweisen. Dem Schöpfer Ultimaten zu geben, macht es unmöglich, den Schöpfer zu erreichen, weil dies so schwere Gedankenformen sind. Ultimaten sind die Kreation eines der ersten drei Aspekte und du steckst einfach in deinem Geist fest.

Du kannst Dinge sagen wie: ‚Schöpfer, ich werde dem Weg folgen, bitte beschütze meine Kinder, wenn ich arbeite.' Dies ist kein Ultimatum.

Menschen kommen zu mir und sagen: ‚Wenn du mich heilst, werde ich mein Leben Gott widmen.‘ Nun, es ist der Schöpfer, der sie heilen wird. Sie müssen weder mit dem Schöpfer noch mit mir verhandeln.

In früheren Zeiten war es für Menschen üblich, mit dem Schöpfer zu feilschen. Sie gingen zur Fünften Ebene und sagten: ‚Schöpfer, wenn du diese Person heilst, werde ich meinen rechten Arm für sie geben. Wenn du diese Person nicht heilst, werde ich nicht mehr an dich glauben. Wenn du mir morgen kein Zeichen gibst, bin ich fertig mit dir.‘

Diese Szenarien funktionieren nicht, denn die Energie der Schöpfung ist eine lebendige Kraft und du bist dank ihr am Leben. Diese Lebenskraft muss dir gegenüber nicht beweisen, dass sie existiert, da sie die Basis von allem ist. Ebenso hatte ich Studenten, die sagten: ‚Wenn dieser Stift sich bewegt, weiß ich, dass ThetaHealing funktioniert‘, und der Stift bewegte sich!

Ultimaten sind der Ausweg des Gehirns, um nichts bewegen zu müssen. Du gehst nicht zum Schöpfer und sagst: ‚Schöpfer, ich werde meinen Lebensweg nicht abschließen, wenn du das nicht für mich machst.‘

GRUPPENDRUCK

Manchmal machen wir Dinge, um anderen zu gefallen, nicht weil wir es wollen, sondern aufgrund von Gruppendruck. Jedes Mal, wenn wir diesen Weg gehen, kann uns dies von klaren Botschaften blockieren. Es ist wichtig zu erkennen, wann dies passiert.

Wenn ich den Menschen von einigen meiner Heilungen erzähle, sagen sie manchmal: ‚Beweise es.‘ Wenn ich das DNA-3-Seminar unterrichte, bewegen die Teilnehmer einen Bleistift oder ein Taschentuch mit ihrem Geist. Sollte dich jemand herausfordern und sagen: ‚Mach es mir vor', kann sich das Gehirn einmischen. Dies ist ein großer Gruppendruck. Wenn du aber zu jemandem hingehst und sagst: ‚Lass mich dir helfen es zu machen', dann funktioniert es. Dies nimmt den Druck von dir weg.

Wenn Manschen sagen: ‚Du bist ein Heiler, heile es', setzt dich dies natürlich auch unter großen Druck. Aber schlussendlich ist der Schöpfer der Heiler. Tatsache ist, sollte dich jemand herausfordern, es zu beweisen, würden sie es nicht einmal glauben, auch wenn du es ihnen bewiesen hast. Kläre deine Glaubenssätze und höre auf, dir darüber Sorgen zu machen, was andere von dir denken.

Ich kannte viele ThetaHealer, die versuchten zu beweisen, dass sie Reichtum in ihrem Leben haben. Sie haben allerlei Dinge gekauft, damit die anderen Anwender und Lehrer glauben würden, dass sie Überfluss in ihrem Leben haben. Aber in Wirklichkeit haben sie sich verschuldet und dies hat sie überfordert.

Downloads

Nutze die folgenden Downloads, um dir dabei zu helfen, die Kommunikationskanäle mit dem Schöpfer offen zu halten.

- „Ich weiß, wie es sich für meine Familie anfühlt zu wissen, dass ich meinem Herzen folge."

- „Ich weiß, wie es sich anfühlt ein erfolgreicher Heiler zu sein."

- „Ich weiß, wie ich mit anderen als Freunde arbeite."

BRAIN CANDY

Wenn du anfängst zum Schöpfer zu gehen, öffnet sich dein Gehirn auf bestimmte Weise und du kannst viele übersinnliche Informationen aus verschiedenen Quellen erhalten, dies nenne ich Brain Candy. Versteh mich nicht falsch, ich mag einige Dinge des „Brain Candy", wie beispielsweise Infrarotsaunas und Farb- und Lichttherapie, die durch die Gesetze des Universums angetrieben werden. Aber du kannst dich in Informationen verlieren, die einen Geist übermäßig beschäftigt halten, wenn du ständig nach neuen Theorien und Verschwörungen suchst. Dies könnten jegliche Informationen sein, die nicht das reine Wissen des Schöpfers sind. Brain Candy kann auch all diese kleinen Wahrheiten sein, die wahr (oder im Wesentlichen wahr) sind und den Geist für so lange Zeiträume obsessiv beschäftigen, dass sie unsere Verbindung zum Schöpfer beeinträchtigen.

Wie hältst du dich von Brain Candy fern, wenn dein Gehirn dazu gestaltet ist, neue Dinge zu erforschen? Du wirst nicht davon wegkommen, jedenfalls nicht vollständig, aber du kannst Energien, die dir unnützlich sind, minimieren. Das menschliche Gehirn wird durch Chemikalien und Neurotransmitter angetrieben, die im Gleichgewicht sein müssen. Das Gehirn wird ausgeglichen, wenn du zum Schöpfer gehst. Je mehr du zum Schöpfer hoch gehst, desto mehr siehst du dein Leben aus der Perspektive des Schöpfers. Aus der Perspektive des Schöpfers ist alles einfach. Wenn ich innehalte und mir jede Entscheidung ansehe, die ich treffe, dann erkenne ich, dass alles eine Bestimmung hat, und so bin ich schlussendlich im Frieden.

Je mehr du dich öffnest, desto mehr Erkenntnisse wirst du haben. Du findest womöglich heraus, dass deine Religion cool oder nicht so cool ist. Du bekommst womöglich Informationen aus den Weiten des Universums, über die Vielzahl der Rassen, die in anderen Sternensystemen leben.

Du hörst womöglich, dass du eine Sternensaat aus einer anderen Galaxie bist.

Es spielt keine Rolle, ob du eine Sternensaat bist und dich mit irgendeinem Bewusstsein von den Plejaden, Arcturus oder Orion verbunden hast. Die Wahrscheinlichkeit, dass dieser Planet von äußeren Einflüssen angesät wurde, ist sehr hoch, aber verwickle dich nicht in dieses Brain Candy.

Du kannst so viele Informationen bekommen, wenn dein Geist im Theta-Zustand offen ist, dass du vergisst, was wichtig ist: die Verbindung zu *der Einen Energie*. Es ist wichtig, dass du dich an deine Fähigkeiten erinnerst, einschränkende Überzeugungen veränderst und deiner Familienlinie hilfst – die, die sich auf der vierten Ebene befinden und die, die hier sind.

Wir sollten uns aller Ebenen der Existenz bewusst sein, ohne uns zu sehr in das Brain Candy zu verwickeln, das mit ihnen in Verbindung stehen kann. Brain Candy ist oft gut, aber wir sollten niemals die Wahrheit vergessen: wir verbinden uns immer zuerst mit dem Schöpfer.

●●●

Kapitel 8

GRUNDLAGEN FÜR KLARE BOTSCHAFTEN

Im vorangegangenen Kapitel haben wir einige Themen abgedeckt, die uns blockieren, uns mit der höchsten Energie zu verbinden. Dieses Kapitel liefert Grundlagen, die die Verbindung zum Schöpfer viel einfacher machen.

SPIRITUELLER GESUNDER MENSCHEN-VERSTAND

Die Energie des Schöpfers ist so, dass sie die keine negativen Anfragen akzeptiert. Ein Beispiel davon ist das Gesetz des freien Willens: der Schöpfer wird bei deinem Chef keinen Herzinfarkt verursachen, weil du ihn oder sie nicht magst.

Was ist der Schöpfer für dich und welche Art von Botschaften würdest du von dieser reinen Energie erhalten? Wäre der Schöpfer negativ oder dualistisch? Niemals! Würde der Schöpfer dir sagen, dass du von einer Klippe springen sollst? Niemals! Du musst nachfragen: ‚Ist das die höchste Antwort?' Nutze immer Logik mit übersinnlicher Intuition und frage nach der höchsten Wahrheit und frage so lange weiter, bis du sie *erkennst*.

Sobald du vom Schöpfer einen Rat erhalten hast, solltest du diesen befolgen und in die Tat umsetzen. Der Geist kann verschiedenste Gründe finden, diese reine Botschaft nicht zu befolgen. Denk dran, habe Vertrauen in die intelligente, wissende Liebe des Schöpfers.

INTERPRETATION

Wenn du reine Informationen empfängst, müssen die Botschaften des Schöpfers richtig interpretiert werden. Sogar Informationen aus einem reinen Channeling können vom Ego oder vom unterschwelligen Selbst falsch interpretiert werden. Wenn du eine Botschaft nicht verstehst, stelle weitere Fragen, bis du sie verstehst.

Du solltest keinem gechannelten Buch glauben, bis du beim Schöpfer den Inhalt überprüft hast. Ebenfalls bei Geschichtsbüchern. Das Wissen über die Geschichte wird durch viele verschiedene Einflüsse gefiltert und ist deshalb nicht immer das, was wirklich passiert ist. Dies beinhaltet auch alles, was im Internet oder in sozialen Medien gepostet wird. Diese Informationsströme sind nur so gut, wie das, was die Menschen, die dahinterstehen, motiviert, denen es oftmals an einem moralischen Kompass mangelt. Wenn du etwas liest, frage: ‚Schöpfer, was ist die wahre Motivation hinter dieser Information?‘ Frage immer nach der reinen Information.

ERREICHEN

Etwas, das dir dabei helfen kann, eine bessere Verbindung herzustellen, ist, eine Vorstellung davon zu haben, was du alles erreichen kannst. Gehe hoch zum Schöpfer und bitte darum, dass dir drei Dinge gezeigt werden, die du erreichen kannst – du wirst begeistert sein.

Der Schöpfer kann alles erreichen. Nichts ist mächtiger als der Schöpfer, aber wenn du an deinen Überzeugungen arbeitest, kann sich deine Fähigkeit des Bezeugens verändern. Je mehr du deine Fähigkeiten übst, desto mehr Vertrauen gewinnst du, desto mehr Bestätigung erhältst du, desto mehr lernst du und desto mehr kannst du erreichen. Blockiere nicht alles, was du womöglich erreichen könntest.

Tatsache ist, dass die meisten ThetaHealer sich mehr anstrengen und nicht aufgeben, bis sie sich mit dem Schöpfer verbinden. Dies ist die Erfolgsformel.

MOTIVATION

Eine der Befürchtungen, die ThetaHealer oft äußern, ist, dass sie nicht in der Lage sind, jemandem zu helfen und dass die Heilung nicht funktioniert. Wenn sie die Angst jedoch für ein paar Sekunden aus dem Weg räumen, kann Heilung geschehen. Der Heiler muss jedoch scharfsinnig genug sein, um zu wissen, ob die Angst bei ihm oder beim Klienten liegt. Wenn sich ein Heiler mit einem Klienten verbindet, verbindet er sich auch mit den Ängsten seiner Familie oder seines Partners. Gehe immer hoch und frage: ‚Schöpfer, woher kommen diese Gefühle?‘

Wenn deine Motivation darin besteht, andere zu lieben und ihnen zu helfen, wirst du mehr Überfluss haben. Wenn deine Motivation aus Angst besteht, läuft es womöglich nicht so gut. Es läuft so: Dein Höheres Selbst kennt dein Divine Timing: deine Lebensaufgabe ein Heiler zu sein. Auf irgendeiner Ebene weißt du, dass du ein Heiler sein wirst. Der Schöpfer wird sicherstellen, dass du Rechnungen bezahlen musst, damit du zur Arbeit gehen musst, um deine Rechnungen zu bezahlen und damit du weiterhin Heiler bleibst. Du gehst am Freitag arbeiten, weil du die Stromrechnung begleichen musst. Du gehst am Donnerstag arbeiten, weil du die Arztrechnung bezahlen musst.

Das sind alles großartige Motivationen, aber Geld ist nur Papier. Du kannst also entweder eine 50$-Rechnung oder eine 50.000$-Rechnung bezahlen und du wirst es unabhängig vom Betrag schaffen, diese zu bezahlen, solange du ein Heiler bist. Wäre es nicht gut, wenn du dich selbst programmierst, dass du es aus Liebe machen kannst, anstatt um die Stromrechnung zu bezahlen?

Ich sage nicht, dass die Finanzen die einzige Motivation für Menschen sind, aber wenn du dir selbst versprichst, anderen zu helfen, werden deine Geldprobleme kleiner.

ENTWICKLE TUGENDEN

Die Seele arbeitet auf Tugenden hin, sie sind ihr Hauptziel. Sie erschafft Situationen im Leben einer Person, um Tugenden zu entwickeln. Je mehr du an Tugenden arbeitest und erreichst, desto klarer werden deine Antworten. Steh jeden Morgen auf, dankbar dass du am Leben bist, und dein Körper wird gute Arbeit leisten. Danke dem Schöpfer für alles in deinem Leben. Gehe hoch zum Schöpfer und frage nach, welche Tugenden du meistern musst.

DIE RICHTIGE FRAGE

Vor Jahren hat mich ein Student, unter Tränen angerufen und sagte, dass sein Pass abgelaufen war und er deshalb nicht fliegen darf. Er sagte mir nicht, wo er hingehen wollte, also ging ich hoch und schaute mir die Zukunft an und sagte ihm: ‚Weißt du, du möchtest jetzt nicht nach Bali fliegen.' Er beruhigte sich ein wenig und ging vom Flughafen wieder nach Hause.

In der Nacht gab es auf Bali einen Bombenanschlag. Der Student rief mich am nächsten Morgen an und sagte: ‚Woher wusstest du das? Woher wusstest du, dass ich nach Bali gehe?'

Ich sagte ihm: ‚Weil ich hoch ging und *die richtige Frage* gestellt habe: „Schöpfer, gibt es einen Grund, warum diese Person nicht reisen kann?"'

Der Schöpfer sagte mir: ‚Vermeide es, nach Bali zu reisen. Weil er nicht reisen kann, ist er in Sicherheit.'

DIE LEBENSKRAFT

Wir lehren die Menschen hochzugehen und sich mit dem Schöpfer zu verbinden. Aber wir müssen die Menschen zum Bewusstsein bringen, dass sie bereits mit der Lebenskraft verbunden sind. Wir sind lebendig aufgrund der Lebenskraft. Wenn wir Glaubenssätze verändern, werden wir schließlich die kribbelnde Energie der Lebenskraft spüren.

UNSICHTBARE KRÄFTE

Eines, was uns hilft, uns mit dem Schöpfer zu verbinden und die Lebenskraft zu nutzen, ist zu erkennen und zu akzeptieren, dass es unsichtbare Kräfte um uns herum gibt. Wenn du dies akzeptierst, werden viele Dinge viel einfacher. Eine wichtige ThetaHealing-Frage ist: ‚Bin ich verrückt?'

Dein Höheres Selbst würde dazu sagen: ‚Du bist okay.' Sage dir selbst immer, dass du okay bist.

Gewöhne dich an unsichtbare Kräfte. Wenn du einen Wayward oder ein Wesen siehst, dass dich stört, schicke sie ins Licht. Türen werden sich von selbst öffnen und Wunder werden geschehen. Entspann dich einfach, du kannst das!

TAPFERKEIT

Es ist schwierig, ohne Angst zu leben, wenn du den Schöpfer immer wieder um Mut bittest. Wenn du um Mut bittest, bekommst du auch die Angst, die damit zusammenhängt. Mut bedeutet, sich seinen Ängsten zu stellen, sie zu überwinden ist Tapferkeit. Es braucht eine tapfere Person, um zuzugeben, dass sie Ängste hat. Verändere deine Bitte gegenüber dem Schöpfer und bitte um Tapferkeit. Tapferkeit bedeutet, keine Angst zu haben und all die Momente zu erkennen, in denen du mutig warst.

Erkenne, dass es bei einigen Dingen nicht um Ruhe oder Angst geht. Sie sind einfach das, was sie sind. Wenn du in einigen Situationen nervös wirst, so ist das normal. Der Tag, an dem du keine Emotionen mehr hast, ist der Tag, an dem du kein Reader oder Heiler mehr sein solltest. Erinnere dich daran, wie großartig du bist. Du brauchst Mut und Tapferkeit, um dich von anderen zu unterscheiden.

WAHRES URTEILSVERMÖGEN

Wahres Urteilsvermögen darüber, was richtig und falsch ist, kommt mit Zeit und Erfahrung. Du musst wissen, wie du die richtige moralische Entscheidung triffst. Wenn du eine Botschaft bekommst und sie klingt moralisch falsch, dann ist die Botschaft nicht richtig.

RE-FOKUSSIERE DEINE GEDANKEN

Wenn deine Gedanken zu wandern beginnen und du unfokussiert wirst, kannst du deine Verbindung zur Siebten Ebene verlieren. Refokussiere deine Gedanken. Wenn dies passiert und du eine Botschaft bekommst, frage dich: ‚Ist dies eine Botschaft, die vom Schöpfer kommt?‘

Eine Sache, die hilft, ist aufzuschreiben, was du erreichen und manifestieren möchtest, aber erlaube dir selbst, deine Gedanken zu fokussieren und zu refokussieren, da die Zukunft sich verändert. Wenn die Zukunft zur Gegenwart wird, können sich Dinge auf andere Weise verändern oder wachsen als du beabsichtigt hattest. Dies ist der Moment, an dem du deine Gedanken auf die Veränderung in deiner Manifestation refokussieren musst.

ANDEREN HELFEN

Wenn du dir Gedanken darüber machst, was andere über dich denken, gibt es ein Geheimnis, das du kennen solltest. Wenn du anderen hilfst, wächst dein Selbstwertgefühl auf die richtige Weise und es ist wirklich einfach, sich mit dem Schöpfer zu verbinden.

VERTRAUE DEINEN ENTSCHEIDUNGEN

Ebenfalls ist es wichtig, dass du deinen Entscheidungen vertraust. Sage dir selbst: ‚Ich habe diese Entscheidung getroffen. Welche guten Dinge sind mir deswegen widerfahren?‘

Eines der wichtigsten Dinge, die du machen kannst, ist, auf alle deine Entscheidungen zurückzuschauen und den Schöpfer zu fragen, weshalb du sie getroffen hast. Du wirst feststellen, dass du die Entscheidungen aus erstaunlichen Gründen getroffen hast, die dich dorthin gebracht haben, wo du jetzt bist. Schaue dir jede Entscheidung an, die du getroffen hast, und du wirst feststellen, wie deine inneren Aspekte für und gegen dich arbeiten. Sobald du erkennst, wie sie für dich arbeiten, wird deine Fähigkeit zu manifestieren besser werden.

VERTRAUE DEM SCHÖPFER

Das Leben nimmt einige seltsame Wendungen. Als ich meine Ausbildung zur Sicherheitsbeauftragten im Atomkraftwerk absolvierte, erkannte ich nicht, dass ich mich auf das, was ich heute mache, vorbereitete. Es gab mir die Möglichkeit, jeweils in den Pausen Sketche von Menschen zu malen und Readings zu machen. Es zeigte mir auch, dass die Welt sowohl gut als auch schlecht sein kann. Es brachte mich an den richtigen Ort, um Naturheilkunde zu lernen, aber das war nicht meine erste Wahl. Meine erste Wahl war Geologin zu werden und Vulkane zu studieren. Stattdessen traf ich, basierend auf meinem Vertrauen zum Schöpfer, eine andere Entscheidung. Dieses Vertrauen half mir, darauf vorbereitet zu sein, meine Umgebung kennenzulernen, zu reisen und Menschen zu verstehen.

Damit ein Heiler der Beste ist, der er sein kann, muss eine gute Verbindung zum Schöpfer bestehen. Der beste Weg dies zu erreichen, besteht darin zu lernen, wie du dem Schöpfer vertraust.

DIVINE TIMING

Das Divine Timing ist dein Lebensweg, deine Bestimmung, und wenn das Universum da ist, um dich zu unterstützen, ist der Zeitpunkt richtig. Mit unserem freien Willen haben wir einen Plan erschaffen, bevor wir mit einer Bestimmung auf diesen Planeten gekommen sind.

Eines, das dich davon abhalten kann, dein Divine Timing zu sehen, ist der Überlebensteil deines Gehirns. Dies liegt daran, dass der Überlebensteil deines Gehirns Angst hat, dass du deine Familie zurücklassen wirst. Divine Timing ist eine coole Sache. Wusstest du, dass du deine Familie auf deinen Divine-Timing-Weg mitnehmen kannst, damit sie auch erleuchtet werden kann?

Wenn du dein Divine Timing sehen kannst, kannst du einige sehr coole Dinge machen. Statt immer nur zu überleben, kannst du anfangen zu leben und glücklich zu sein. Wenn du auf deinem göttlichen Weg bist, kannst du physisch stark werden. Wenn du weißt, was dein göttlicher Weg ist, kannst du die Realität erschaffen, die du möchtest. Du kannst erkennen, dass du versuchst, etwas aus der Vergangenheit zu reparieren.

GÖTTLICHE EINMISCHUNG

Divine Intervention, oder Göttliche Einmischung, ist, wenn das Divine Timing einsetzt und dich auf deinen Weg bringt und dich weiter vorwärtsbringt. Du hast einen göttlichen Lebensweg und bist aus einem bestimmten Grund hierhergekommen, manchmal mit zwei oder drei Lebensaufgaben, die du abzuschließen hast. Ich erinnere mich, wie ich mein Divine Timing betrachtete, als ich in meinen 30ern war und mich selbst sah, wie ich vor Gruppen von Menschen stand und sprach. Ich erinnere mich, wie ich dachte: ‚Das sieht mir nicht ähnlich, wie kann das sein?‘ Aber als ich anfing Readings zu geben und kleine Klassen zu unterrichten, war es natürlich und einfach für mich.

MEDITATION

Du blockierst womöglich dein Divine Timing, daher ist es nützlich zu wissen, dass Divine Interventions, also göttliche Einmischungen, in deinem Leben vorkommen. Diese Übung zeigt dir die verschiedenen Zeiten, in welchen göttliche Einmischungen in deinem Leben stattgefunden haben. Erlaube diesem Wissen, deinen Geist auf dieselbe Weise neu auszurichten, wie wenn du deine Vergangenheit, Gegenwart und Zukunft neu ordnest.

1. Nimm einen tiefen Atemzug und schließe deine Augen.

2. Stelle dir vor, wie Energie durch deine Fußsohlen emporsteigt, hochfließt bis zur Spitze deines Kopfes und einen wunderschönen Lichtball formt.

3. Selle dir vor, dass du in diesem Lichtball bist.

4. Ich möchte, dass du dir vorstellst, dass du am Universum vorbei gehst, durch Schichten von Licht, durch ein goldenes Licht, durch eine geleeartige Substanz, die die Gesetze sind, in ein perlmuttartiges, irisierendes weißes Licht, in die Siebte Ebene der Existenz.

5. Gib die Anweisung oder erbitte: ‚Schöpfer von Allem was Ist, es ist angewiesen/erbeten, dass mir meine nächste göttliche Einmischung gezeigt wird. Danke. Es ist vollbracht. Es ist vollbracht. Es ist vollbracht.'

6. Gehe in die Zukunft und schaue dir deine nächste göttliche Einmischung an.

7. Sobald du fertig bist, komme zurück zu dieser Zeit, zurück in das kribbelnde weiße Licht und nimm einen tiefen Atemzug.

Wenn du dein Divine Timing nicht gesehen hast, könnte es an einem, der fünf nachfolgenden Dinge liegen:

1. Gehe hoch zum Schöpfer und frage nach allem, was dich daran hindert, dein Divine Timing zu erreichen.

2. Gehe hoch zum Schöpfer und frage: ‚Was übersehe ich?' Bekommst du keine direkte Antwort, frage erneut.

3. Du könntest Angst vor deinem Divine Timing haben.

4. Du hast dein Divine Timing gesehen, aber nicht verstanden.

5. Du bist bereits in deinem Divine Timing.

BRINGE DEINE FAMILIE MIT ZUR ERLEUCHTUNG

Jede Seele weiß, dass wenn du zu schnell spirituell erwachst und erleuchtet wirst, du dich womöglich langweilst und nicht auf der Erde bleiben wolltest. Viele von uns haben Heimweh nach der vollständigen Energie der Fünften Ebene. Deshalb ist es wichtig, die Energie der Liebe von der Fünften Ebene auf die Erde zu bringen und sie in unsere Familie einfließen zu lassen.

Viele Menschen haben Angst erleuchtet zu werden oder aufzusteigen, weil sie ihre Familien nicht zurücklassen wollen. Diese Angst kommt aus unserem unterschwelligen Aspekt. Was wäre jedoch, wenn deine Familie mit dir zusammen erleuchtet würde? Du musst nicht allein in Richtung Erleuchtung gehen, sondern auch deine Familie kann mitkommen. Das Ändern der richtigen Überzeugungen kann sich positiv auf deine Familie auswirken und ihnen helfen, sich weiterzuentwickeln.

Viele Heiler glauben, dass sie ihre eigene Familie nicht unterrichten können, damit sie erleuchtet werden, aber das ist nicht wahr. Sie bleiben bei der Idee hängen, dass ihre Kinder immer Kinder sein werden oder dass ihre Teenager immer Teenager sein werden. Aber Kinder werden erwachsen und entwickeln sich weiter. Wenn sie älter werden, verändert sich ihre Wahrnehmung. Deine Familie muss wissen, dass deine

Glaubenssysteme in Bezug auf Spiritualität keine Bedrohung für sie darstellen.

LEBEN

Projiziere Liebe in die Welt und fokussiere dich darauf, ein Leben zu führen, auf das deine Seele stolz ist. Je mehr du dein Leben auf diese Weise lebst, desto klarer werden deine Antworten vom Schöpfer sein. Warte nicht bis zum nächsten Monat oder bis zum nächsten Jahr, um zu erkennen, dass du heute glücklich bist.

DER KAMPF MIT DEM ÜBERLEBENSSELBST

Sich des Überlebensselbst bewusst zu sein, hilft bei der Erleuchtung, da du erkennst, wenn du etwas aus einem Überlebensinstinkt heraus machst. Das Erkennen von unnötigen Reaktionen des Überlebensselbst hilft dir, das Leben in vollen Zügen zu leben.

Es ist sehr wichtig, mit deinen Gedanken freundlich zu deinem Körper zu sein. Wenn wir morgens aufstehen und sagen: ‚Mein Körper ist nicht gut', ‚Ich bin zu dick' oder ‚Ich bin zu dünn', könnte der Körper diese Gedanken als Realität akzeptieren. Einige positive Programme, die mir gut dienen, sind „Ich habe einen widerstandsfähigen Körper" und „ThetaHealing zu unterrichten und mich mit dem Schöpfer zu verbinden gibt mir physische Stärke".

Eine Sache, die du vermeiden solltest, ist zuzulassen, dass sich die übersinnlichen Fähigkeiten entwickeln, bevor der Geist und der Körper das richtige Urteilsvermögen haben, um mit ihnen umzugehen. Wenn der menschliche Körper mit dem Wachstum der übersinnlichen Fähigkeiten nicht Schritt halten kann, kann es zu einem Zusammenbruch führen, daher ist es am besten, die Dinge Schritt für Schritt anzugehen. Die einzige Möglichkeit, dies zu vermeiden, besteht darin anzufangen, deine Gedanken auszusortieren. Je tugendhafter deine Gedanken sind, desto stärker ist der Körper. Auf eine Seite ist körperliches Training gut, aber Tugenden anzuwenden ist besser. Je tugendhafter die Gedanken sind, desto mehr wird sich der Körper im Einklang mit der Seele verändern. Je mehr negative Gedanken wir haben, desto mehr stagnieren wir und desto mehr haften wir an der Erde an. Auf Grund zu vieler negativer Gedanken beginnt ein Kampf in uns.

Der Kampf ist zwischen dem alten und dem neuen Selbst, das sich mit den tugendhaften Gedanken bildet. Je erleuchteter du wirst, desto mehr könntest du befürchten, deine alte Identität zu verlieren. All diese Ängste stammen vom Überlebensselbst, das versucht, uns in unserem Körper auf der Dritten Ebene zu halten. Dies stammt aus einem alten Glaubenssystem, das in vielen von uns instinktiv vorhanden ist.

Einfach ausgedruckt lautet dieses Glaubenssystem wie folgt: Wenn du die Schwingung einer höheren Gedankenform erreichst und aufrechthalten kannst, würdest du in andere Dimensionen gehen wollen und deinen sterblichen Körper zurücklassen. Wenn du an einem Ort der reinen Liebe sein könntest, an dem sich alle mit Liebe und Respekt behandeln, würdest du auf dieser Erde bleiben wollen? Deshalb sagen meine Studenten Dinge wie: ‚Ich weiß, dass ich nicht dahin komme, wo ich sein möchte.‘ Sie sind aufgestiegene Meister, die aufwachen und instinktiv wissen, dass ihre Existenz so viel mehr beinhaltet. Diese neuen Gefühle können vom Überlebensselbst als Bedrohung für den physischen Körper wahrgenommen werden.

Der Schöpfer sagt mir, dass dieser Kampf Zeitverschwendung ist. Wenn wir tugendhaftere Gedanken halten könnten, wäre unser Körper gesund und das Überlebensselbst würde sich nicht mehr bedroht fühlen. Jetzt können wir in einem menschlichen Körper aufsteigen und der Welt beim Aufsteigen helfen. Jeder geht durch diesen Kampf zwischen dem Überlebensselbst und dem Höheren Selbst. Wenn du es noch nicht durchgemacht hast, wirst du es noch. Deshalb ist es wichtig, bewusst herauszufinden was unser Gehirn und unser Überlebensselbst machen, damit das Höhere Selbst unser Leben zur nächsten Erfahrung lenkt, aus der wir lernen. Sortiere deine Gedanken und programmiere dein Überlebensselbst neu, damit es gesund sein und sich weiterentwickeln kann.

KRANKHEIT

Eine Krankheit kann es für jemanden schwierig machen, klare Antworten vom Schöpfer zu bekommen, da das Überlebensselbst in höchster Alarmbereitschaft ist. Aber solange sich jemand vorstellen kann, auf die Siebte Ebene zu gehen, können Heilungen immer noch geschehen, wenn er hartnäckig ist.

Einige Heiler würden es vorziehen, mit kranken Menschen zusammen zu sein, weil sie größtenteils zumindest höflich und nett sind. Der Heiler sollte verstehen, dass, wenn jemand gesund wird, seine Persönlichkeit sich verändern kann. Ich kann dir nicht sagen, wie viele Menschen ich kenne, die großartig waren, als sie krank waren, und sehr schwierig wurden, als sie gesund wurden, aber manchmal ist es auch umgekehrt.

ENTGIFTEN – GEDANKEN UND DEN PHYSISCHEN KÖRPER

Etwas, was dich bei der Fähigkeit, nach klaren Antworten zu meditieren, unterstützen kann, ist, deinen Körper zu entgiften. Ich sage dir nicht, dass du nicht die Höchste

Antwort bekommen kannst, wenn dein Körper toxisch ist und du dich nicht gut fühlst. Ich kannte Menschen, die dem Tode nahe waren und klare Antworten bekommen haben. Aber wenn dein Körper toxisch ist, kann es ablenkend genug sein, dass es schwierig wird, zu deinem Kronenchakra hochzugehen und die Konzentration aufrechtzuhalten.

Aus diesem Grund kann eine Entgiftung deines Körpers mit sanften Reinigungen, regelmäßiger Bewegung und einer ausgewogenen Ernährung von Vorteil sein. Eine Entgiftung mit Reinigungen ist jedoch nicht jedermanns Sache. Eine körperliche Entgiftung fordert viel körperliche Stärke. Viele Menschen nehmen alle Arten von Entgiftungen, um die Organe zu reinigen, aber eine Entgiftung deiner Gedanken ist der beste Weg, um deinen Körper zu entgiften.

READINGS MACHEN DICH NETTER

An den Tagen, an denen du Readings gibst, bist du viel netter, da dein Gehirn die Chemikalie Serotonin ausschüttet, wenn du Menschen hilfst. Wenn ich kann, mache ich morgens ein Reading, um mich selbst in die richtige Stimmung für den Tag zu versetzen. Wenn du dich zwei drei Tage nicht mit der Siebten Ebene verbindest, ist die höchste Wahrheit schwerer fassbar. Wenn du jedoch jeden Morgen aufstehst und dich mit dem Schöpfer verbindest, ist es viel einfacher, klare Botschaften zu erhalten.

SCHMERZEN ZURÜCKLASSEN

Um klare Antworten zu bekommen, ist es hilfreich, ohne Schmerzen leben zu können. Wenn du mit Schmerzen lebst, können sie ein großartiger Lehrer sein, aber ohne Schmerzen zu leben ist viele besser. Wenn du ständig Schmerzen hast, ist es immer noch möglich, sich mit dem Schöpfer zu verbinden und es hält dich nicht unbedingt davon ab, klare Botschaften zu erhalten, aber es kann eine Herausforderung sein. Es ist viel einfacher, übersinnlich zu sein, wenn du den Schmerz zurücklässt. Stelle dir vor, wie klar deine Botschaften sein können *ohne* Schmerz.

Viele Heiler scheinen Schwierigkeiten damit zu haben, von anderen Personen Hilfe anzunehmen, darum wäre es gut, mit Glaubensarbeit zu erforschen, warum das so ist. Sie sind sehr gut darin, Schmerzen bei anderen zu lindern, aber nicht bei sich selbst. Ich kenne Heiler, die mit zahlreichen Klienten arbeiten und Seminare unterrichten, die sich einfach mit ihrem Schmerz abfinden und trotzdem vorwärts gehen.

Ich denke, der Schmerz hält sie auf diesem Planeten. Solange sie Schmerzen haben, können sie sich immer noch in der Gesellschaft zurechtfinden. Wären sie schmerzfrei, würden sich ihre Fähigkeiten schneller verstärken und sie könnten Angst vor dem nächsten Schritt haben, dies hat mit ihrem unterschwelligen Selbst zu tun. Würden sie den nächsten Schritt machen, wären sie schmerzfrei.

Ich habe eine Theorie über Schmerzen. Ich glaube, wenn wir an unserem unterschwelligen Selbst arbeiten, erkennen wir, was wir vom Schmerz profitieren und dann können wir ohne ihn leben.

FRAGE DEN SCHÖPFER NACH DEM THEMA, DAS DICH BLOCKIERT

Gehe hoch zum Schöpfer, um nach Antworten über die Motivationen des Überlebensselbst, des Egos und des Unterschwelligen Selbst zu fragen. Frage den Schöpfer: ‚Ist es das Überlebensselbst, das Ego, das Unterschwellige Selbst, das Höhere Selbst oder der Schöpfer? Was macht das Unterschwellige Selbst? Wo hat es angefangen? Ist es das Ego Selbst? Was lernt das Höhere Selbst daraus?'

Optional: Gehe zum Schöpfer, um den Grundglaubenssatz und die unterschwellige Motivation mit dir selbst oder mit einem Partner zu finden.

Downloads

Nutze die folgenden Downloads, um dabei zu helfen Probleme und Themen zu klären:

„Ich weiß, wie es sich anfühlt Probleme in Minuten aufzulösen."

„Ich weiß, wie es sich anfühlt zu wissen, dass ich wichtig und ein Funke Gottes bin."

„Ich weiß, wie es sich anfühlt, mein Leben zu leben, ohne ständig Schmerzen zu haben."

„Ich weiß, wie es sich anfühlt, genug Glaubenssätze zu klären, so dass ich mit meinen Fähigkeiten mithalten kann."

„Ich weiß, wie es sich anfühlt, einen Unterschied zu machen."

BOTSCHAFTEN VON DEN EBENEN

Jeder der Sieben Ebenen der Existenz hat eine Energiesignatur, ein eigenes Gefühl. Aus diesem Grund ist es wichtig zu fragen:

- ‚Wie klingt eine Botschaft von jeder der Ebenen?'
- ‚Wie fühlt sie sich an?'
- ‚Woher kommt die Botschaft?'

- ‚Wer oder was hat die Botschaft gegeben?‘

- ‚Was sagt sie dir?‘

- ‚Was sind die Energien, die jeder Ebene inne-wohnen?‘

Zum Beispiel gibt es auf der Fünften Ebene Meister wie Christus, die Engel, dein himmlischer Vater und deine himmlische Mutter, die alle eine besondere Energie haben. Wenn du erfahrener wirst, wirst du fähig sein, den Unterschied zwischen der „Alles was Ist"-Energie und den Meistern der Fünften Ebene zu erkennen.

Einige Menschen akzeptieren eine Heilung nur aus der Energie einer bestimmten Ebene der Existenz und um Zeuge der Heilung zu werden, muss man die Energie der Ebenen kennen. Es könnte Zeiten geben, in welchen du zum Schöpfer hochgehst und um eine Heilung bittest, und du erhältst möglicherweise die Botschaft: ‚Aufgrund ihres Glaubenssysteme akzeptiert diese Person nur eine Heilung aus der Fünften Ebene.‘ Wenn dies geschieht, ist es nicht ungewöhnlich, einen Engel aus der Fünften Ebene bei der Heilung zu sehen.

Stellst du den Gesetzen der Sechsten Ebene eine Frage wie: ‚Was brauche ich, damit mein Körper sich besser fühlt?‘, könnte die Antwort lauten: ‚Du solltest unter grünes Licht liegen‘ oder ‚Iss besser, schlafe mehr und höre auf nachts herumzuspielen.‘ Solche Nachrichten stammen wahrscheinlich von Gesetzen. Gehst du hingegen hoch und fragst den Schöpfer, so hörst du womöglich: ‚Oh, du hast einen wundervollen Körper. Er arbeitet so schwer. Liebe deinen Körper einfach.‘

Um die Energie der Gesetze der Sechsten Ebene zu biegen, musst du genügend Tugenden gemeistert haben. Denn Tugenden sind leichte Gedankenformen, die so mächtig sind, dass sie sich schneller als Lichtgeschwindigkeit durch das

Universum bewegen können. Negative Gedankenformen sind schwer und verlassen die Erde niemals. Mit der richtigen Kombination von Tugenden können einige Gesetze gebogen werden, um Veränderung zu erschaffen, und als hohes Wesen der Fünften Ebene erinnerst du dich womöglich, wie du mit ihnen arbeiten solltest.

Ein gutes Beispiel dafür, wie unterschiedlich die Antworten aus den verschiedenen Ebenen sind, stammt aus der Zeit als ein Mann in der Klasse zu mir kam und sagte: ‚Vianna, diese Dame da drüben gab mir ein Reading und sagte mir, dass ich meine Frau betrüge.'

Nun, ich konnte sehen, dass das wahr war. Er *hat* seine Frau betrogen. Wenn ich hochgehen und ihm eine Antwort aus der Vierten Ebene geben würde, würde es um Aufopferung, Leiden, Dualismus oder irgendeiner Art von Initiation gehen. Zum Beispiel: ‚Du betrügst deine Frau. Du solltest dich schämen. Du verletzt viele Menschen damit. Du wirst sehr hart arbeiten müssen, um das wieder gut zu machen.'

Wenn ich hochgehen würde, um ihm eine Antwort aus der Fünften Ebene zu geben, wäre sie dualistisch: ‚Warum betrügst du deine Frau?'

Die Sechste Ebene würde antworten: ‚Es ist wahr.'

Aber wenn du hochgehst und den Schöpfer fragst, wäre die Antwort der Siebten Ebene sanfter und würde lauten: ‚Es muss schwer sein, zwei Menschen zu Lieben.' Diese Botschaft unterstützt kein Betrügen, sondern bedeutet, dass die Schöpfungsenergie diesen Mann kennt. Sie weiß, was in seinem Herzen ist und dass jeder anders ist, und er sollte vielleicht die Möglichkeit in Betracht ziehen, dass er Angst davor hat, jemanden vollständig zu lieben.

Du kannst nur mit den Gesetzen arbeiten, wenn du genügend Tugenden gemeistert hast. Denn Tugenden sind leichte Gedankenformen. Gedanken wie Groll sind schwer. Die

Gedankenformen der Tugenden sind mächtig. Sie können sich schneller als Lichtgeschwindigkeit durch das Universum bewegen. Mit der richtigen Kombination von Tugenden, kannst du dich daran erinnern, wie du einige Gesetze biegen kannst, um Veränderung zu erschaffen.

DIE GEFÜHLE DER SIEBEN EBENEN DER EXISTENZ

Die folgende Übung hilft dir, den Unterschied zwischen den Ebenen der Existenz zu erkennen. Während einer Glaubens-arbeitssitzung ist es wichtig zu erkennen, woher eine Botschaft stammt. Dies macht dich auch auf dich selbst aufmerksam und zeigt dir, woher deine Botschaften kommen und wie du die höchste Wahrheit erreichen kannst.

Frage dich selbst: ‚Wie würde es sich anfühlen, wenn ich mit der Energie von reiner Liebe und der höchsten Intelligenz sprechen würde?‘ Manchmal gehen wir auf die Siebte Ebene und beantworten eine Frage schlussendlich aus der Sechsten Ebene. Wichtig ist zu wissen, *was* wir machen und *womit* wir verbunden sind.

Wenn du mit einer anderen Person arbeitest, lasse dich von dieser auf die Siebte Ebene hochführen und weise an/erbitte die Antwort der Vierten, Fünften, Sechsten und Siebten Ebene auf diese Frage. Wenn du mit dir selbst arbeitest, gehe hoch auf die Siebte Ebene und weise an oder erbitte die Antworten auf die Frage, dann gehe zu der gewählten Ebene der Existenz für die Antwort.

Die Person, die das Reading bekommt, überlegt sich eine Frage, die sie dem Anwender stellen möchte. Es sollte eine ernsthafte Frage sein und du stellst auf jeder Ebene der Existenz dieselbe Frage.

In dieser Übung gehen wir nicht auf die Erste oder Zweite Ebene. Dies liegt daran, dass eine Antwort von den Kristallen der Ersten Ebene unglaublich langsam kommen würde. Wenn du die Bäume der Zweiten Ebene fragen würdest, ob du dich scheiden lassen sollst, würden sie fragen: ‚Was ist eine Scheidung?' Die Antwort aus dem Feenreich der Zweiten Ebene könnte sein: ‚Juhu! Oh Junge! Was ist eine Scheidung?'

DIE EBENEN FÜHLEN

In dieser Übung gehst du hoch auf die Siebte Ebene und dann zu einer der Ebenen der Existenz.

1. Nimm einen tiefen Atemzug. Zentriere dich selbst.

2. Stelle dir vor, wie Energie durch deine Fußsohlen emporsteigt, hochfließt bis zur Spitze deines Kopfes und einen wunderschönen Lichtball formt. Stelle dir vor, dass du in diesem Lichtball bist. Gehe hoch, am Universum vorbei, durch Schichten von Licht, durch ein goldenes Licht, durch eine geleeartige Substanz, in ein kribbelndes, weißes Licht.

3. Gib die Anweisung/erbitte: ‚Schöpfer von Allem was Ist, es ist angewiesen/erbeten, eine Antwort der Vierten Ebene auf die Frage dieser Person zu erhalten. Danke. Es ist vollbracht, es ist vollbracht, es ist vollbracht.'

4. Stelle dir vor, wie du auf die Vierte Ebene gehst, und warte auf die Antwort. Der Reader geht auf die Vierte Ebene und fragt nach der Antwort auf die Frage des Klienten.

5. Sobald der Leser bereit ist, die Frage aus der Perspektive der Vierten Ebene zu beantworten, lässt er es den Klienten wissen. Diese Antwort hat womöglich mit Opferbringen oder Initiation zu tun.

6. Stelle sicher, dass sie, sobald sie fertig sind, wieder in das kribbelnde weiße Licht zurückgehen.

GEHE AUF DIE SIEBTE EBENE FÜR DIE ANTWORT DER FÜNFTEN

1. Nimm einen tiefen Atemzug. Zentriere dich selbst.

2. Stelle dir vor, wie Energie durch deine Fußsohlen emporsteigt, hochfließt bis zur Spitze deines Kopfes und einen wunderschönen Lichtball formt. Stelle dir vor, dass du in diesem Lichtball bist. Gehe hoch, am Universum vorbei, durch Schichten von Licht, durch ein goldenes Licht, durch eine geleeartige Substanz und in ein kribbelndes, weißes- Licht.

3. Gib die Anweisung/erbitte: ‚Schöpfer von Allem was Ist, es ist angewiesen/erbeten, eine Antwort der Fünften Ebene auf die Frage dieser Person zu erhalten. Danke. Es ist vollbracht, es ist vollbracht, es ist vollbracht.'

4. Stelle dir vor, wie du auf die Fünfte Ebene gehst, und warte auf die Antwort.

5. Der Leser geht auf die Fünfte Ebene und bittet um die Antwort auf die Frage.

6. Sobald der Leser bereit ist, die Frage aus der Perspektive der Fünften Ebene zu beantworten, lässt er es den Klienten wissen. Diese Antwort ist wo-

möglich etwas dualistisch. Stelle sicher, dass sie, sobald sie fertig sind, wieder in das kribbelnde, weiße Licht zurückgehen.

GEHE AUF DIE SIEBTE EBENE FÜR DIE ANTWORT DER SECHSTEN

1. Nimm einen tiefen Atemzug. Zentriere dich selbst.

2. Stelle dir vor, wie Energie durch deine Fußsohlen emporsteigt, hochfließt bis zur Spitze deines Kopfes und einen wunderschönen Lichtball formt. Stelle dir vor, dass du in diesem Lichtball bist. Gehe hoch, am Universum vorbei, durch Schichten von Licht, durch ein goldenes Licht, durch eine geleeartige Substanz und in ein kribbelndes, weißes Licht.

3. Gib die Anweisung/erbitte: ‚Schöpfer von Allem was Ist, es ist angewiesen/erbeten, eine Antwort der Sechsten Ebene auf die Frage dieser Person zu erhalten. Danke. Es ist vollbracht, es ist vollbracht, es ist vollbracht.'

4. Stelle dir vor, wie du auf die Sechste Ebene gehst, und warte auf die Antwort.

5. Der Leser geht auf die Sechste Ebene und bittet um die Antwort auf die Frage.

6. Sobald der Leser bereit ist, die Frage aus der Perspektive der Sechsten Ebene zu beantworten, lässt er es den Klienten wissen. Die Antwort ist wahrscheinlich in blutiger Wahrheit. Stelle sicher, dass sie,

sobald sie fertig sind, wieder in das kribbelnde, weiße Licht zurückgehen.

GEHE AUF DIE SIEBTE EBENE FÜR DIE ANTWORT DER SIEBTEN EBENE

1. Nimm einen tiefen Atemzug. Zentriere dich selbst.

2. Stelle dir vor, wie Energie durch deine Fußsohlen emporsteigt, hochfließt bis zur Spitze deines Kopfes und einen wunderschönen Lichtball formt. Stelle dir vor, dass du in diesem Lichtball bist. Gehe hoch, am Universum vorbei, durch Schichten von Licht, durch ein goldenes Licht, durch eine geleeartige Substanz und in ein kribbelndes, weißes Licht.

3. Gib die Anweisung/erbitte: ‚Schöpfer von Allem was Ist, es ist angewiesen/erbeten, eine Antwort der Siebten Ebene auf die Frage dieser Person zu erhalten. Danke. Es ist vollbracht, es ist vollbracht, es ist vollbracht.‘

4. Stelle dir vor, wie du auf die Siebte Ebene gehst, und warte auf die Antwort.

5. Der Leser geht auf die Siebte Ebene und bittet um die Antwort auf die Frage. Sobald der Leser bereit ist, die Frage aus der Perspektive der Siebten Ebene zu beantworten, lässt er es den Klienten wissen. Die Antwort kommt von der intelligentesten, liebevollsten Energie, die jemals erschaffen wurde.

6. Stelle sicher, dass sie, sobald sie fertig sind, wieder in das kribbelnde, weiße Licht zurückgehen.

ENTWICKLUNG DER FAMILIENLINIE

Die DNA der Familienlinie ist unglaublich mächtig. Der Instinkt, sicherzustellen, dass die Familienlinie fortbesteht, kann so ablenkend sein, dass du möglicherweise keine klaren Botschaften vom Schöpfer erhältst. ThetaHealer scheinen diese Verantwortung vielfach auf sich zu nehmen, denn es scheint immer eine Person in der Familie zu geben, die mehr negative genetische Glaubenssätze hat, die verändert werden sollten. Die Person, die die meisten genetischen Glaubenssätze zu verändern hat, ist üblicherweise die „unordentlichste" Person in der Familie. Manchmal horten sie sehr viele Dinge. Hat jemand sehr viele genetische Glaubenssätze, die verändert werden sollten, nehmen sie womöglich grundlos an Gewicht zu. Wenn dir das passiert und dein Haus unordentlich wird, räume das Durcheinander auf und schaue, was für Glaubenssätze dabei hochkommen. Dasselbe kann passieren, wenn du Gewicht zunimmst und es dann wieder abnimmst.

Einige Menschen haben dreißigjährige Kinder, die noch nicht erwachsen sind und andere kümmern sich um ihre älteren Eltern.

Wenn sich die Menschen in deiner Familienlinie weiterentwickeln, kannst du dich so auf die Familienmitglieder fokussieren, dass du alles andere vergisst. Du hast womöglich sogar Botschaften aus deiner eigenen DNA, die dir sagen: ‚Jeder in meiner Familie hat versagt, aber ich werde Erfolg haben.' Jetzt da die Menschen in deiner genetischen Linie wissen, dass du genetische Glaubenssätze veränderst, haben sie wahrscheinlich eine eigene Liste, aber es ist am besten zum Schöpfer zu gehen und nachzufragen, was verändert werden sollte.

Mit der Fähigkeit, deine Gedanken auf der Ebene der verschiedenen Aspekte zu identifizieren, kannst du dich womöglich viel besser verstehen. Den Unterschied zwischen den verschiedenen Aspekten – Überlebensselbst, Unterschwelliges Selbst, Ego-Selbst und Höheres Selbst – zu kennen, erlaubt es dir, dir dessen Bewusst zu sein und dich auf deine Bestimmung zu fokussieren. Jetzt weißt du, wie du feststellen kannst, ob deine Antworten von der intelligentesten, liebevollsten Wahrheit stammen.

•••

BOTSCHAFTEN VON VIANNA

Sprich jeden Tag mit dem Schöpfer. Danke dem Schöpfer jeden Tag und ehre das Leben in all seinen Formen. Nimm dir Zeit und nimm die Luft und das Licht wahr. Schätze das Leben.

Gehe hoch und frage den Schöpfer, so kannst du vermeiden etwas am eigenen Leib erfahren zu müssen.

Es ist nicht alles so, wie es scheint.

Gedanken bewegen sich schneller als das Licht, sie bewegen sich und haben Essenz, darum sei vorsichtig, was du denkst.

So viel von unserer Zeit wird mit nutzlosen Gedankenformen verschwendet. Wir müssen lernen, unsere Gedankenenergie zu fokussieren und auf das göttliche Bewusstsein zu lenken.

Mache jeden Tag etwas, worauf du stolz bist.

Handlung ist unumgänglich. Du kannst den ganzen Tag über Manifestationen meditieren, es braucht jedoch Handlung, um sie zu verwirklichen.

Heiler gehen durch einen Prozess. Zuerst glauben wir, dann wissen wir, dann handeln wir. Es ist ganz einfach.

Wann immer möglich, verletze niemanden und nichts.

Sieh die Wahrheit in Menschen und liebe sie trotzdem. Du kannst alle Menschen lieben – auch die gemeinen – solange du mit dem Schöpfer verbunden bist.

Jeder Mensch ist wichtig. Jede Person ist ein Funke des Schöpfers und sie sollten als solche wertgeschätzt werden. Nimm dir Zeit, diesen Funken Gottes wertzuschätzen. Ich werde ständig daran erinnert, wie wir alle Teil von Allem was Ist sind. Jedes Herz ist wichtig.

Du musst lachen! Ein guter Sinn für Humor ist der beste Weg, mit den Herausforderungen, die dieses Leben zu bieten hat, umzugehen. Letzten Endes ist das Leben einfach so.

Es ist einfach so.

Jede Erfahrung zählt. Jede Entscheidung hat dich an diesen Punkt im Leben gebracht. Du kannst dich verändern, du kannst mehr werden, du kannst dich neu ausrichten, aber nur *du* kannst entscheiden, wer du bist und was du erschaffen und manifestieren kannst. Dich selbst zu kennen, bedeutet, dich selbst zu erschaffen. Letztendlich erschaffen wir unsere eigene Realität.

Nur tote Fische schwimmen mit dem Strom. Du musst auf die Wahrheit zugehen, auch wenn sie flussaufwärts liegt.

Nicht jeder wird dir zustimmen oder dich mögen. Dies ist freier Wille, eines der wichtigsten Gesetze des Universums.

Lebe dein Leben, als gäbe es keine Geheimnisse. Lebe es wie ein offenes Buch, als könntest du jedem erzählen, was du jeden Tag gemacht hast. Manchmal bewahrt man ein Geheimnis am besten, indem man es mit der Welt teilt.

Die Menschen sagen, dass die Zeit mit zunehmendem Alter immer schneller vergeht, ich empfand das jedoch nie so. Für mich vergeht die Zeit wie damals, als ich ein Kind war. Was ich über den Segen der Zeit gelernt habe ist, dass egal welche Hindernissen sich in dein Leben stellen, sie gehen vorüber – alles verändert sich mit der Zeit. Jedoch gibt es Momente, in denen ich wünschte, die Zeit würde stillstehen, damit ich einfach den Moment genießen könnte.

Denke daran, dies ist nur ein Moment in der Zeit.

Willst du spielen?

•••

GLOSSAR

Glaubenssystem

Die Glaubenssätze/Überzeugungen eines Einzelnen oder einer Gruppe davon, was richtig und falsch und was wahr oder unwahr ist. Glaubenssätze, die aufeinandergestapelt sind, stellen ein Glaubenssystem oder eine Kette von Glaubenssätzen dar.

Glaubensarbeit

Eine Anwendung, um Glaubenssysteme herauszuziehen und zu ersetzen.

Bewusstsein

Sich seiner Handlungen und seines Selbst vollständig bewusst sein. Es wird vermutet, dass das Bewusstsein nur 10 Prozent des Gehirns leitet und das **Unterbewusstsein** die restlichen 90 Prozent.

Kernglaubenssätze

Siehe vier Glaubensebenen.

Der Rat der Zwölf

Höhere Wesen, die für unparteiischen Rat, Unterstützung oder Beurteilung einberufen werden können.

Der Schöpfer von Allem was Ist

Die intelligenteste, vollkommenste Liebesenergie, in welcher alles in der Existenz erschaffen wird.

Das Graben

Eine Anwendung, um eine Kette von Glaubenssätzen, die aufeinandergestapelt sind, zu finden und den Grund- oder Schlüsselglaubenssatz zu verändern.

Divine Timing – göttlicher Zeitplan

Deine Bestimmung kennen und dem Universum erlauben, hineinzukommen und dir zu helfen.

Downloads

Eine Anwendung, um zu bezeugen, wie eine positive Affirmation vom Schöpfer von Allem was Ist in den Geist der Person heruntergeladen wird, als wäre er ein Computer.

Energietest

Eine Anwendung in ThetaHealing, um ein **Glaubenssystem** zu testen.

Die vier Aspekte

Jede der **vier Glaubensebenen** hat vier Aspekte: Überlebens-selbst, unterschwelliges Selbst, Ego-Selbst, und Höheres Selbst und die Seele.

Die vier Glaubensebenen

Es gibt vier verschiedene Glaubensebenen: Kernebene, genetische Ebene, historische Ebene und Seelenebene.

- **Kernglaubenssätze:** Die erste der vier Glaubens-ebenen.

Verhaltensmuster im Unterbewusstsein aus diesem Leben – stammen meist aus der Kindheit –, die Teil unserer Programme wurden. Oft sind dies die Bemühungen des Unterbewusstseins, uns zu schützen und sicher zu halten. Bei der Arbeit an dieser Ebene bezeugt der Anwender die Veränderung im Frontallappen des Gehirns.

- **Genetische Glaubenssätze:** Die zweite der vier Glaubensebenen.

Glaubenssätze, die wir von unseren Eltern und Vorfahren bis zu sieben Generationen vorwärts und sieben Generationen zurück geerbt haben. Siehe auch die vier Glaubensebenen und sieben Generationen vorwärts und zurück.

- **Historischer Glaubenssatz:** Die dritte der vier Glaubensebenen.

Diese Glaubenssätze stammen aus Erinnerungen an vergangene Leben, hierfür gibt es viele Gründe, wie etwa:

- Verhaltensmuster aus mehr als sieben Generationen in der Vergangenheit

- Energien der Akasha-Aufzeichnungen

- Gruppenbewusstseinserinnerungen aus persönlichen Erfahrungen vergangener Leben

Die Energie vergangener Leben wird als Abdruck vergangener Erfahrungen in unbelebten Objekten zurückgelassen. In jedem Sandkorn gibt es Erinnerungen an alles, was jemals auf der Erde gelebt hat – Erfahrungen, die wir aus vielen Leben in die Gegenwart tragen.

- **Seelen-Glaubenssätze:** Die finale der vier Glaubensebenen.

Dies sind die tiefsten und durchdringendsten von allen Glaubenssystemen. Wenn ein Glaubenssatz auf mehr als einer Ebene wiederholt wird, kann er bis zur Seelenebene gelangen. Obwohl deine Seele von Gott ist, lernt sie immer weiter.

Heilmethode

Eine Anwendung des Miterschaffens, während man im Theta-Zustand ist, um zu bezeugen, wie der Schöpfer Heilungen vollbringt. Hilft dem Körper, zu heilen und sich zu regenerieren.

Historischer Glaubenssatz

Siehe vier Glaubensebenen.

Programme

Verhaltensmuster, welche durch Glaubenssätze im Geist geformt wurden.

Sieben Ebenen der Existenz

In ThetaHealing verwenden wir diesen Begriff, um die sieben verschiedenen Ebenen oder Bereiche zu beschreiben, die durch die Bewegung ihrer Atome getrennt sind:

- Erste Ebene: Atome kommen zusammen und bewegen sich langsam, um Feststoffe wie Mineralien zu bilden.

- Zweite Ebene: Atome beginnen, sich schneller zu bewegen, um Pflanzen zu bilden.

- Dritte Ebene: das Reich der Tiere und Proteine.

- Vierte Ebene: die Geisterwelt.

- Fünfte Ebene: das Reich der aufgestiegenen Meister.

- Sechste Ebene: die Gesetze des Universums.

- Siebte Ebene: die reine Energie der Schöpfung, welche in unser Universum hineinfließt und Quarks erschafft, die Protonen, Neutronen und Elektronen erschaffen, die wiederum Atome erschaffen, welche Moleküle erschaffen.

Schlafzyklus

Ein Zeitraum von üblicherweise acht Stunden, in welchem ein tiefer Theta- und Delta-Zustand des Schlafes neues Wissen im Gehirn verankert.

Seelen-Glaubenssätze

Siehe vier Glaubensebenen.

Unterbewusstsein

Der Teil des Geistes, der die autonomen Systeme des Körpers steuert sowie einige Gefühle und Erinnerungen. Sein Hauptziel ist es, uns zu schützen und am Leben zu erhalten. Die mentale Aktivität unterhalb der Bewusstseinsschwelle.

Theta-Zustand oder Theta-Gehirnwellenzustand

Ein sehr tiefer Zustand der Entspannung, ein traumartiger Zustand, in welchem sich die Gehirnwellen auf vier bis sieben Zyklen pro Sekunde verlangsamen. Ein kreativer, inspirierender Zustand, geprägt durch spirituelle Wahrnehmungen. *Siehe ebenfalls* **Heilmethode.**

THETAHEALING®
SEMINARE UND
BÜCHER

ThetaHealing ist eine Energieheilmodalität begründet durch Vianna Stibal mit zertifizierten Lehrern rund um die Welt. Die Seminare und Bücher von ThetaHealing sind als therapeutische Selbsthilfeführer konzipiert, um die Fähigkeit des Geistes, zu heilen, zu entwickeln. ThetaHealing beinhaltet die folgenden Seminare und Bücher:

ThetaHealing® Seminare unterrichtet durch zertifizierte ThetaHealing® Lehrer

ThetaHealing Basis DNA 1 und 2 Anwenderseminar

ThetaHealing Aufbau DNA 2 ½ Anwenderseminar

ThetaHealing Manifestieren und Überfluss Anwenderseminar

ThetaHealing Intuitive Anatomie Anwenderseminar

ThetaHealing Regenbogenkinder Anwenderseminar

ThetaHealing Krankheiten und Beschwerden Anwenderseminar

ThetaHealing Weltenbeziehungen Anwenderseminar

ThetaHealing DNA 3 Anwenderseminar

ThetaHealing Tier-Seminar für Anwender

ThetaHealing Pflanzen-Seminar für Anwender

ThetaHealing Grabe Tiefer Anwenderseminar

ThetaHealing Seelenpartner Anwenderseminar

ThetaHealing RHYTHM Anwenderseminar

ThetaHealing Ebenen der Existenz Anwenderseminar

ThetaHealing Du und dein Lebenspartner Anwenderseminar

ThetaHealing Du und der Schöpfer Anwenderseminar

ThetaHealing Du und dein innerer Kreis Anwenderseminar

ThetaHealing Du und die Erde Anwenderseminar

ThetaHealing Ebenen der Existenz 2 Seminar

Zertifizierungsseminare exklusiv unterrichtet durch das ThetaHealing® Institute of Knowledge, insbesondere durch Vianna Stibal

ThetaHealing Basis DNA 1 und 2 Lehrerseminar

ThetaHealing Aufbau DNA 2 ½ Lehrerseminar

ThetaHealing Manifestieren und Überfluss Lehrerseminar

ThetaHealing Intuitive Anatomie Lehrerseminar

ThetaHealing Regenbogenkinder Lehrerseminar

ThetaHealing Krankheiten und Beschwerden Lehrerseminar

ThetaHealing Weltenbeziehungen Lehrerseminar

ThetaHealing DNA 3 Lehrerseminar

ThetaHealing Tier-Seminar für Lehrer

ThetaHealing Pflanzen-Seminar für Lehrer

ThetaHealing Grabe Tiefer Lehrerseminar

ThetaHealing Seelenpartner Lehrerseminar

ThetaHealing RHYTHM Lehrerseminar

ThetaHealing Ebenen der Existenz Lehrerseminar

ThetaHealing Du und dein Lebenspartner Lehrerseminar

ThetaHealing Du und der Schöpfer Lehrerseminar

ThetaHealing Du und dein innerer Kreis Lehrerseminar

ThetaHealing Du und die Erde Lehrerseminar

ThetaHealing Ebenen der Existenz 2 Lehrerseminar

ThetaHealing wächst immer weiter und dehnt sich aus, oft werden neue Seminare hinzugefügt. Besuche www.thetahealing.com für die neuesten Updates.

BÜCHER

ThetaHealing® (Hay House, 2006, 2010)

Advanced ThetaHealing® (Hay House, 2011)

ThetaHealing® Diseases and Disorders (Hay House, 2012)

On the Wings of Prayer (Hay House, 2012)

ThetaHealing® Rhythm for Finding Your Perfect Weight (Hay

House, 2013)

Seven Planes of Existence (Hay House, 2016)

ThetaHealing® Graben nach Glaubenssätzen (Hay House, 2019)

ThetaHealing die Heilkraft der Schöpfung

ThetaHealing für Fortgeschrittene

ThetaHealing Krankheiten und Beschwerden heilen

ThetaHealing RHYTHM für deinen perfekten Körper (W-Cooperations, 2016)

ThetaHealing Sieben Ebenen der Existenz (W-Cooperations, 2016)

ThetaHealing Graben nach Glaubenssätzen (W-Cooperations, 2019)

ÜBER DIE AUTORIN

 **Vianna Stibal** ist die Schöpferin und Begründerin der spirituellen Philosophie, Meditations- und Heiltechnik, bekannt als ThetaHealing®. Als renommierte Heilerin, Autorin und Motivationssprecherin hält Vianna zusammen mit ihrem Ehemann Guy rund um die Welt Seminare für Menschen jeder Ethnie, Überzeugung und Religion. Bis zum Jahr 2019 hat sie bereits tausende von Lehrern und geschätzte 600.000 Anwender unterrichtet, die in über 180 Ländern unterrichten.

Viannas Technik bringt den Geist unmittelbar in einen tiefen Theta-Zustand (Traum-Zustand). Sie lehrt ihre Studenten, unter Nutzung des Theta-Zustand ihre bewusste Verbindung mit dem Schöpfer von Allem was Ist wiederaufzubauen, um spirituelle, mentale, emotionale und physische Veränderung zu bezeugen.

Nachdem sie ihre eigene Heilung bezeugte, entdeckte Vianna, wie Emotionen und Überzeugungen uns auf der

Kern-, genetischen, historischen und Seelenebene beeinflussen. Aus diesem Durchbruch wurde die Glaubensarbeit geboren, die zum Herz und zur Seele der
ThetaHealing-Technik wurde.

Glaubensarbeit ist ein Wegweiser, um festzustellen, was wir
glauben, warum wir es glauben und wie wir Glaubenssätze
und Krankheiten verändern können, den wahren Plan des
Schöpfers verstehen können und die Realität erschaffen
können, die wir uns wünschen.

Vianna lehrt, dass wir ein Funke Gottes sind, dass wir unsere
eigene Realität erschaffen und dass alles in unserem Leben
einem höheren Zweck dient. Sie hat ihr Leben dem
gewidmet, ihre Liebe für den Schöpfer von Allem was Ist mit
einem ehrlichen Humor und aufrichtiger Freundlichkeit zu
teilen. Ihre Trainings und Bücher sind lebensverändernd und
helfen Menschen rund um die Welt.

www.thetahealing.com

Entdecke weitere ThetaHealing
Produkte und Bücher:

www.w-cooperations.ch

Wir freuen uns von dir zu hören!